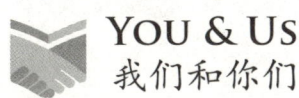

YOU & Us
我们和你们

中国和智利的故事

主　编　李长华　安薪竹

五洲传播出版社

图书在版编目（CIP）数据

中国和智利的故事 / 李长华，安薪竹主编 . -- 北京：五洲传播出版社，2024.12
（我们和你们）
ISBN 978-7-5085-4678-0

Ⅰ．①中… Ⅱ．①李… ②安… Ⅲ．①中外关系－友好往来－智利 Ⅳ．① D822.278.4

中国版本图书馆 CIP 数据核字 (2021) 第 091580 号

中国和智利的故事

主　　编：李长华　安薪竹
译　　者：姜　璐
出 版 人：关　宏
责任编辑：宋博雅
助理编辑：马大乔　李逸群
装帧设计：青心见画
出版发行：五洲传播出版社
地　　址：北京市海淀区北三环中路 31 号生产力大楼 B 座 6 层
邮　　编：100088
发行电话：010-82005927，010-82007837
网　　址：www.cicc.org.cn　www.thatsbooks.com
承　　印：北京圣彩虹科技有限公司
版　　次：2024 年 12 月第 1 版第 1 次印刷
开　　本：787mm×1092mm 1/16
印　　张：18.5
字　　数：239 千字
定　　价：58.00 元

共铸中智世代友好丰碑

今天，位于太平洋彼岸的智利共和国对于中国人民来说已不再陌生。很多中国人都知道美丽而富饶的智利是中国的远方亲密朋友。长期以来，中国和智利之间不断增进经贸、文化、教育、科技等各个领域的友好往来，日益淡化着我们心中两国地域相隔遥远的感觉。中国和智利的友好关系源远流长。20 世纪 50 年代，智利曾是第一个接受新中国留学生的西语国家，帮助中国培养西班牙语教师和翻译。在此后的十多年里，有许多智利的专家、学者、议员、文艺团体来华访问、交流和工作，中智贸易也不断扩大。1970 年 12 月，智利和中国建立外交关系，成为第一个与新中国建交的南美国家。1971 年 10 月，在第 26 届联合国大会上，智利会同其他六个拉丁美洲国家投票赞成恢复中华人民共和国在联合国的合法席位。建交后的中智关系一直走在中国和拉丁美洲国家关系的前列。

进入 21 世纪以来，中智两国关系在各个领域取得全方位的发展。特别值得一提的是，智利是第一个就中国加入世界贸易组织与中国签署双边协议、承认中国完全市场经济地位、同中国签署双边自由贸易协定、同中国签署自贸协定升级议定书的拉美国家。自 2010 年以来，中国就成了智利的第一大贸易伙伴。中智两国相互尊重、友好合作、互利共赢的双边关系如同国际关系中冉冉升起的新星，让世人瞩目。

近十年来，中智两国领导人之间的交流和高层互访更加频繁并且富有成果，尤其是 2016 年 11 月，习近平主席对智利进行国事访问，双方共同发表了关于建立全面战略伙伴关系的联合声明，开启中智友好合作关系的新时代。在这一新形势下，近年来，中智两国在各个领域的合作进一步持续稳定发展。智利支持中国提出的共建"一带一路"项目、促进全球互联互通的倡议。面对新冠病毒在全球肆虐的挑战，中智两国携手并肩，合作抗疫，取得了良好成果，造福两国人民，也为全球抗击疫情作出贡献。

2025 年是中智建交 55 周年，五洲传播出版社出版《中国和智利的故事》一书，为这一盛事锦上添花。这本书收集了多位见证并推动两国关系发展的中智友好人士的佳作，他们用自己的经历向我们讲述了两国之间友好合作关系的生动历程和两国人民的深情厚谊。该书不仅是真实的历史故事，更是一组中智友谊的赞歌。该书还以中、西两种文字出版，这会让两国人民，特别是两国青年倍感亲切。书中的叙述将激励后人更加珍惜中智友谊并充满信心地面向未来，共铸中智两国和两国人民世代友好的丰碑。

原焘

中国国务院外事办公室原副主任

2024 年 12 月

我与中国这个伟大国家的悠长轨迹

我对中国最初的认识源自 1991 年一次有趣的旅行。那时，在中国驻智利大使馆的帮助下，我以商人的身份来到这个伟大的国家，考察水果和葡萄酒业务。如今已经过去了将近 30 年。

我访问的第一个城市是山东省烟台市，在那里参观了中国烟台大樱桃。我曾在日本的 OTA 市场（东京主要市场）上用一台老式胶卷照相机拍过一些好看的樱桃照片。回到智利后，我把照片洗了出来，对上面的文字进行翻译后，才知道这些樱桃来自中国的烟台市。但是，我并不知道它在哪里，直到后来我查询了中国地图。

我对中国的第一印象是非凡的。我认识了一个令我着迷的国家——热情好客的人民、千年的历史文化以及她与世界联系的方式。但最重要的是，她渴望进步并努力发展。此后我和这个伟大的国家再也没有分离过。

万事开头难。这是一个和我印象里截然不同的中国。只有少数中国人知道智利有铜。当我与他们谈论葡萄酒时，许多人问我葡萄酒是什么？他们知道米酒、茅台酒等，但不了解葡萄酒；当我与他们谈论智利的水果时，他们告诉我不知道智利在哪里；当我向他们解释时，他们觉得距离中国太远了，水果肯定无法坚持这么长时间的"旅行"。30 年后，我们已经是中国第一大鲜果来源地和第三大葡萄酒出口国了。

尽管中国广东省的一些学者知道智利总统曼努埃尔·布尔内斯于1845 年在广州设立了名誉领事馆，但很少有中国人知道这个位于南美洲边线上的小国智利。有些人可能知道 20 世纪 50 年代来自智利的诺贝尔文学奖获得者巴勃罗·聂鲁达曾访问北京和上海，以及智利著名画家何塞·万徒勒里曾长期在北京生活。而 1970 年智利与中国建交后，两国在外交、经济、社会和文化关系方面的发展从未停止过。

1990 年的中智贸易还很弱，而且很受限制，只有铜等少数矿产的贸易往来，贸易额不到 1 亿美元，所以我决定在农业、水果和葡萄酒等其他领域开辟空间。我的第一批水果业务始于 1996 年，我们将水果运到中国香港，然后从香港经广州运送到中国大陆。

1997 年，我被任命为国际知名的智利水果生产者联合会（Fedefruta）主席后，着手计划在中国建立一个中智示范农场。得益于当时的中国农业部（现农业农村部）的帮助，该项目于 1999 年在距北京 80 公里的天津市蓟州区落地实施。此后，为了督促该项目的发展，我每年都会多次往返中国。

2019 年，我们在中国庆祝了这一开创性项目成立 20 周年，在智利和中国农业农村部部长以及智利前总统爱德华多·弗雷先生的见证下，双方签署了有关中国在智利开展同类项目的协议。

2005 年，我被任命为国家农业协会主席。该协会是智利历史最悠久的工会，距今已有 185 年的历史，也是世界最古老的农业工会之一，致力于代表农业及农民的利益。协会有幸代表智利农业领域参加了同年在北京举行的中智自由贸易协定谈判，这一协定从根本上改变了中智之间的贸易关系，两国间的贸易额从那时的不到 65 亿美元发展至 2018 年的 428 亿美元。

此外，建交以来，中智双方高层访问频繁。自 1991 年以来，智利总统帕特里西奥·艾尔文、爱德华多·弗雷、里卡多·拉戈斯、米歇尔·巴切莱特和塞巴斯蒂安·皮涅拉相继访华；中国国家主席杨尚昆、江泽民、胡锦涛都曾访问智利。2016 年，习近平主席访问智利，智中双方建立全面战略伙伴关系；2019 年，双方更新和修改了涵盖服务、投资及电子商务等领域的更全面的自由贸易协定，保证了两国关系沿着发展的道路继续前行。今天，中国成了智利的第一大贸易伙伴，而智利是中国在拉丁美洲的第三大贸易伙伴。

2010 年，我荣幸地被任命为智利驻华大使，这对我来说是一项巨大的挑战，因为此前我一直在私营部门开展工作，现在则需要转换角色，在中国这样重要的国家代表智利的公共部门开展工作。在北京的四年（2010—2014 年）生活使我更深入认识并更加欣赏这个伟大的国家，我交了很多中国朋友，这里就是我的第二故乡。2014 年后我回到智利，继续在私营部门工作，但因为农业贸易时常访问中国。我把智利生产的车厘子出口到中国，送到我担任大使时结交的许多中国朋友手里。

2018 年，令我惊喜的是，我第二次被任命为智利驻华大使，这是非常少见的。我曾非常幸运地在 2010 年智利总统塞巴斯蒂安·皮涅拉访华时在北京庆祝了中智建交 40 周年。

岁月漫长，我在北京已经累计生活了 7 年多。迄今为止，我人生超过 12% 的时间都在了解和欣赏这个国家的巨大变化。我已经访问了中国几乎所有的省份，从最北部的黑龙江省和内蒙古自治区到最南端的海南省，从辽宁、山东、江苏、浙江、福建、广东等沿海省份到新疆维吾尔自治区、西藏自治区、云南等沿边省份，我发现了令人赞叹的景色和不同风格的美，享受各地特色美食，了解其千年的历史文化。最重要的是，我感受到中国人民爱好和平和拼搏进取的精神，以及面对困难时的韧性和勤劳。正因为如此，中国成了世界第二大经济体，而且与第一大经济体的差距越来越小。

这是一个伟大的国家，我永远不会忘记她，我将不厌其烦地感谢我所有政治、商业、文化机构的中国朋友以及使馆的中国工作人员，他们为我的职业发展提供了巨大的帮助。

路易斯·施密特

智利前驻华大使

2024 年 12 月

目 录

记忆篇

智利与中国
——50 年的友谊与合作

爱德华多·弗雷（智利前总统）

1970 年 12 月 15 日，中国与智利正式建交，双方开始了一条漫长但对建立牢固的政治、经贸和文化联系大有益处的道路，如今已建立全面战略伙伴关系。

智中关系能进展到这一步，恐怕是曼努埃尔·布尔内斯没有想到的。1845 年，担任智利总统的他任命小吉迪安·奈为驻中国广州名誉领事，从而开始了两国间的领事关系。一个多世纪后的 1952 年 10 月，在智利诗人巴勃罗·聂鲁达的倡导下，中国文化学院在圣地亚哥落成，这在拉丁美洲是首创。

这些往事可以说是国际政治领域的里程碑，是 1970 年智中建立外交关系的前奏曲。智利是第一个与中国建立正式关系并坚持一个中国原则的南美洲国家，承认台湾是中国领土的一部分。

1971 年，智利支持联合国大会关于恢复中国在联合国行使主权以及作为安理会常任理事国的第 2758 号决议。1999 年，在我执政时期，智利再次成为拉美地区第一个支持中国加入世界贸易组织并认可其市场经济地位的国家。

在这一切发生的时候，我们循序渐进地在政治和经济领域采取重要措施。自民主制度恢复至今，智利的所有总统都对中国进行了国事访问，而且大多数也都接待过时任中国主席的来访。

随着双方磋商及贸易往来的不断增加，中国和智利宣布启动自由贸易协定谈判。协定于 2005 年 11 月签署，于 2006 年 10 月 1 日开始生效。该协定取得了巨大成功。我们的双边贸易充满活力。中国正在逐步增加对智利市场的参与，四年后的 2010 年，中国已成为智利的第一大贸易伙伴，并一直保持至今。

2018 年，智利与中国的贸易额达到 427.91 亿美元，比 2017 年增长 24%。智利对华的出口总额在 2018 年达到 252.87 亿美元，主要是水果运输量比 2017 年增长了 74%。我们不仅将铜带到了中国，车厘子和蓝莓等水果以及葡萄酒、三文鱼和纤维素等也大量进入中国消费市场。

与此同时，中国对智利投资经历了爆炸式增长，过去两年总和超过 100 亿美元，主要集中在矿业、林业、葡萄酒、新鲜水果等领域，对基础设施投资的兴趣也越来越大。

但这还不是全部。中智自由贸易协定允许两国探索各种形式的合作。近年来，我以亚太地区特别大使的身份，能够幸运地陪同企业家、学者、科学家和农业专家等组成的代表团访问中国，见证了多项相互合作举措实现，甚至包括天文学这样重要且尚待探索的领域。

由此可见，中智自由贸易协定实实在在地促进了两国经贸往来。鉴于这一协定取得的显著成果，两国启动自贸协定升级谈判，升级后的议定书于 2019 年 3 月 1 日正式生效。

2020 年是中智建交 50 周年，中智外交关系是中国同拉美国家团结合作、互利共赢的典范。可以说，这是一个将两种截然不同的文化紧密联系在一起的过程，双方一直在探索和发展新的合作形式，始终具有共同的长期愿景。

这种持续发展的势头巩固了全面战略伙伴关系。不仅是贸易，科学、技术和文化交流也在蓬勃发展。

不管前面成果多丰硕，我们还可以而且必须做更多的事情。比如，在技术领域发展新型的商业互动模式，加强 5G 建设，并将其应用至整个拉美地区。还可以考虑开展联合项目以应对未来气候变化、水危机等问题，并共同促进可再生能源的发展。

未来，两国将开辟新的工作视野。这就要求我们思考如何建设现代化国家和实现各国人民更加繁荣的未来。相信我们自己，机会就在当下。

周恩来与智利

朱祥忠（中国前驻智利大使）

我在智利工作期间，听到许多智利朋友高度赞扬周恩来总理，说他是智利人民真正的朋友，是智中友好关系的奠基人和开拓者，是这一关系发展的积极推动者和鼓舞者。事实就是如此，中智关系发展的每一步都渗透着周总理的心血。

精心耕耘，以民促官

新中国成立初期，智利著名诗人、诺贝尔文学奖获得者聂鲁达、画家万徒勒里、社会活动家阿连德和贝德雷加尔等先后访华，均受到毛泽东主席和周恩来总理的亲切会见。这些人后来都成为中国"全天候"的终身朋友，对推动两国关系的发展起了重要作用。正是在他们的推动下，1952 年 10 月 1 日成立了拉美第一个对华友好组织"智利 - 中国文化协会"。

根据周总理的指示，我国也先后派出了一些文化和经贸代表团到智利访问。1953 年 6 月，李一氓率领的中国文化代表团参加了在智利首都圣地亚哥举行的第一届拉丁美洲大陆文化工作者大会后，对智利进行了友好访问。这是新中国成立后最早访问拉美的代表团。1954 年 7 月，以赵毅敏为团长、萧三和艾青为团员的中国文化代表团访智，出席了聂鲁达 50 寿辰的庆祝活动。1956 年 8 月，以楚图南为首的中国民间艺术团到智利访问演出。1957 年 5 月，中国人民银行代表团访智。1958 年 8 月，中国杂技团到智利访问演出。1959 年 5 月和 11 月，中国新闻工作者代表团和工会代表团先后访智。同年，智利前内政部长德尔佩德雷加尔应邀访华，与中国进出口公司签订硝石和茶叶易货合同，并向中国外贸部官员提出，希望中方派代表常驻智利，中方表示同意。1961 年 7 月，中国国际贸易促进会主席南汉宸率团访智，双方商定当年 10 月中国在智利设立商务新闻办公室，李延年任主任。1964 年，中国在智利举办了经济贸易展览会，参观人数达 46 万之多，占当时圣地亚哥市人口的四分之一，影响很大。1965 年 6 月，中国国际贸易促进会在圣地亚哥设立了半官方的商务代表处，以代替商务新闻办公室，林平任代表。

抓住时机，促成中智建交

1970 年 10 月，智利举行大选，由社会党、共产党和激进党等六个左派政党组成的人民团结阵线推举的总统候选人——社会党领袖阿连德获胜。阿连德曾三次访华，受到周总理的接见，双方进行了亲切友好的谈话，他对周总理十分敬佩。阿连德在大选前就向中方表示，如在大选中获胜，一定同中国建交。当周总理得知他当选智利总统的消息时非常高兴，说："古巴是 60 年代，阿连德是 70 年代，美国'后院'不平静了。"他代表中国政府立即发电报给阿连德表示热烈祝贺，并表示坚决支持智利人民反对帝国主义侵略、掠夺和干涉，维护民族独立和国家主权的正义斗争。同时，中方派出以倪志福为团长的中国工人代表团（因两国尚未建交，不宜派官方代表）前往参加阿连德总统的就职典礼。

周总理对倪志福去智利非常重视，亲自主持中共中央政治局会议，研究访智时应注意的问题。代表团回国后第二天，周总理就召开政治局会议听取汇报。倪志福说，阿连德政府有意尽快同中国建交。周总理立即指示我国驻法国大使黄镇同智利驻法国大使恩里克·伯恩斯坦进行接触，表明中国也愿意同智利建交。智方起草了一个完全符合我国要求的建交公报。于是，双方经过谈判很快达成协议。黄镇和伯恩斯坦代表各自政府于 1970 年 12 月 15 日在巴黎签署了建交公报。公报称："中华人民共和国政府和智利共和国政府，根据互相尊重主权和领土完整、互不干涉内政和对外关系、平等和互惠的原则，决定自即日起建立外交关系。""中国政府重申：台湾是中华人民共和国领土不可分割的一部分。智利政府注意到中国政府的这一声明。智利政府承认中华人民共和国政府是中国唯一合法政府。"中智建交公报后来成为我国同拉美国家建交的一个样板，被称为"智利模式"。

于是，智利成为南美洲第一个、拉丁美洲第二个（仅晚于古巴）同新中国建交的国家。周恩来总理高度赞扬阿连德政府不顾内外敌对势力的反对而采取的果敢行动，称此举为拉美国家同中国建交"开了个好头"。可以说，中智建交是在周总理直接关心、推动和指导下实现的。他对中智关系整整 20 年的精心耕耘，终于开花结果。

满腔热情的支持，推心置腹的忠告

阿连德政府上台以后，宣布要使智利成为第一个按照民主的、多元化的和自由的模式建立起来的社会主义国家：对外，反对美国控制，维护国家主权，同包括苏联在内的社会主义国家发展关系，支持第三世界国家反帝、反殖的斗争。对内，实行了一些激进的经济和社会改革措施，如对美资控制的铜矿实施国有化，征收了大批本国和外国企业、银行，国家对各主要经济部门均实行控制；实行土改，征收大庄园主的土地，建立国营农场和合作社；大幅度提高工人工资和福利待遇等。苏联把智利看作"和平过渡"的样板加以宣扬，智利一时成为世界注意的中心。

周总理作为一位伟大的无产阶级革命家，对智利革命道路也极为关心。他在接见智利和其他拉美国家朋友时，都注意了解智利情况，针对智利面临的一些问题，特别是智利革命道路和任务等重大问题，相应做了大量工作。

1972年3月，周总理在人民大会堂新疆厅会见了来访的智利社会党总书记阿尔塔米拉诺，双方就智利革命过程中遇到的一些问题比较深入、坦率地交换意见。谈话时间长达六个小时，参加会见的有外交部长乔冠华、中联部副部长申健和副总参谋长彭绍辉等有关方面的领导。

第一，周总理针对阿连德要在智利进行社会主义革命的过激思想，诚恳而坦率地指出，革命要分阶段，当前亚非拉人民的革命斗争正处于民族民主革命阶段，不能跳过这个阶段进入社会主义革命阶段。他说，如果混淆了这两个阶段的任务，就容易混淆两个不同时期的路线和政策，结果使有"左"倾情绪的人感到不满足，而思想偏"右"的人感到害怕，不敢参加革命，这样就反而把自己孤立起来了。

第二，在智利朋友谈到要"中立中产阶级"的问题时，周总理表示这个口号值得商榷。他说，在民主革命阶段要联合中产阶级，而不应中立它。因为中产阶级总是带一点民族资产阶级性质的，它不能完全脱离同外国的经济联系，但只要是它自己经营的，就会有点民族自尊心。周总理还以荣毅仁为例，说明团结民族资产阶级不但是必要的，而且是可能的。中国共产党对末代皇帝都采取团结争取的政策，这样有利于生产，有利于全国经济的稳定和发展。

第三，周总理详细介绍了中国革命的历史经验教训，再次强调军队是中心问题。他针对"智利军队有资产阶级民主传统，不干政"的说法，指出世界在变化，拉美在变化，智利也不会原封不动，不仅是外国的侵略势力，就是本国的保守势力，也要利用军队。在这种进步与保守激烈斗争的情况下，军队不会不受影响。周总理还以刚发生不久的玻利维亚军事政变为例，提醒智利朋友要做两手准备，要做军队的工作，争取军队站在进步方面。

第四，周总理还强调，马列主义要同本国革命实践相结合。他说，拉美的社会主义革命一定要在拉美的土地上同拉美的具体情况结合起来，否则就是空想的社会主义。智利可以了解俄国十月革命、中国革命以及发生在拉美的古巴革命的经验，但一定要同本国的具体情况相结合，形成自己的政治路线，选定自己应该走的道路，才能最终取得胜利。

周总理上述推心置腹、语重心长的谈话，智利客人听后很受启发，但未能引起阿连德总统的足够重视。

正如周总理担心的那样，阿连德政府上台后采取的过激改革措施，虽曾得到人民群众的支持，起初经济也出现了繁荣景象，但好景不长，第二年生产就开始滑坡，出现严重经济困难，人民生活水平大幅度下降，不满情绪随之增长，威胁着阿连德政权的稳定。

阿连德于1972年访问苏联，争取援助，但收获甚微。尽管当时中国还处于"文化大革命"时期，但是为了支援智利，中国还是向阿连德政府提供了力所能及的援助。1972年6月，中国政府同智利政府签订了经济合作协定，向智利提供了2000万英镑的长期无息贷款。这对当时的中国来讲，是一个不小的数字。此外，中国政府还同意向智利增供1500吨猪肉和500吨鸡肉，并主动提出提前交付1973年合同中规定的3000吨猪肉，以缓解智利人民的生活困难。

1973年1月，阿连德通过我国驻智利大使林平提出增加援助的要求，接着派其外长阿尔梅达来华进行具体商谈。周总理予以接见，就此交换了意见。双方签署了中智经济技术协定和商品贷款协定。中国政府决定在智利银行中无息存入 1000 万英镑，供智利政府使用。

同年 2 月 3 日，周总理写信给阿连德总统（由阿尔梅达回国转交），再次就智利革命和建设问题提出了忠告。

周总理在信中说，我们本愿能对智利人民的经济建设作出较大的贡献，但由于我们的经济力量还很有限，同时也肩负着支援越南和印支各国人民斗争和其他地方的国际义务，目前尚处于力不从心的状态，希望对此能予以谅解。

周总理说，中智两国同是发展中的国家，对于智利现在面临的困难，我们很能理解并给予深切的同情。这种状况从根本上说是长期的殖民统治和帝国主义侵略留下的恶果。不少第三世界国家在不同程度上都遇到类似问题。为了克服这些困难，发展中的国家除了相互帮助外，最根本的还是要靠自己的力量，也就是说，自力更生为主，外援为辅。如果经济不能立足国内，过多依靠外援，特别是依靠大国的贷款，这是很危险的。在这方面，一些国家有过沉痛的经验教训。

周总理说，对第三世界国家来说，要自主地发展民族独立经济，就需要进行长期的艰苦奋斗，就要付出一定的代价和牺牲。相信我们的人民都是勤劳勇敢的人民。为了摆脱帝国主义的控制干涉、赢得自己的独立幸福的生活，他们会懂得如何清醒地估计局势，勇于接受面临的挑战。在当前动荡的国际形势下，更要考虑应付可能出现的各种局面；作两手准备，争取好的，准备坏的。总之，改变经济落后面貌，改善人民生活的目标，只有结合现实的条件和可能，有准备、有步骤地进行才能逐步实现。这是我们从中国的亲身经历中得出的一点体会。我们对智利的情况很不了解，但是，作为老朋友，出于关切，我愿坦率地同阁下交换看法，供彼此参考。

周总理在信中还表示，两年来，智利政府和人民在维护民族独立和国家主权、反帝反殖、发展民族经济等方面，取得了许多重大成就。我们表示钦佩。相信智利政府和人民，在阁下的领导下，加强团结，坚持斗争，进行充分的准备，谋而后动，就一定能够克服目前遇到的暂时困难，取得新的胜利，继续前进。

周总理最后说，我们为两年来中智友好合作关系的发展感到高兴。我们今后将竭尽自己的努力，使这种关系得到进一步的加强。

据说，阿连德读了周总理的信，很受感动，表示完全同意信中的意见和看法。但这时智利局势已急剧恶化，为时已晚。

周总理在上述同智利朋友的谈话和给阿连德的信中，运用马列主义和毛泽东思想的基本原理，对智利以及亚非拉国家在第二次世界大战后所面临的形势进行深入的调查研究后得出的英明的科学论断，均为后来的形势发展变化所证实。

实践和平共处五项原则的范例

1973 年 9 月 11 日，智利发生政变，阿连德政府被推翻，阿连德本人也以身殉职。政变后成立的以陆军司令皮诺切特为首的军政府，开始了为期十六年半的军事独裁统治。

军政府于 1973 年 9 月 15 日照会中国驻智利大使馆，表示愿意同中国"保持最友好的关系"。后来，军政府又不断通过不同的渠道向中国方面表示希望维持两国正常外交关系。

当时，国际上对智利政变反应强烈。苏联等社会主义国家以及个别第三世界国家宣布与智利军政府断绝或中止外交关系，有的实行外交降格，即调回大使保留代办级关系，有的对政变进行谴责。但大多数国家仍与军政府保持原有关系。截至 1973 年 10 月上旬，与智利有外交关系的 80 个国家中，有 38 个表示承认智利军政府并与之保持外交关系；与军政府断交的有 11 个国家；其他国家则未表态。

中国政府根据周恩来总理倡导制定的和平共处五项原则，独立自主地处理了同智利军政府的关系。一方面，周总理于 9 月 14 日致电阿连德遗孀，对阿连德总统不幸以身殉职表示哀悼。周总理在唁电中说："遥悉萨尔瓦多·阿连德总统不幸以身殉职，至深悲痛。谨向你们表示深切的哀悼和慰问。伟大的阿连德总统生前为了智利人民维护民族独立和国家主权的斗争，以及促进中智两国人民的友谊和亚非拉第三世界国家的团结反帝事业，作出了积极的努力。他将永远活在人们心中。相信智利人民将从这一沉痛的事件中吸取教训，继续前进。"

另一方面，中国政府决定，不急于承认军政府，也不主动与之断交，而是与军政府保持一般关系，冷而不断，以进一步了解和观察智利形势的发展，再决定下一步行动。中方对军政府的照会未予答复，但也没有拒绝。10 月中旬，召回了中国驻智利大使，由临时代办主持工作。智利军政府也解除了其驻华大使的职务，任命了临时代办。中方以给智临时代办发放签证的做法，事实上予以同意。这样，中智外交关系得以保持下来。中国决定对智军政府采取"积极稳妥，逐步开展工作，不操之过急"的工作方针。

1973 年 12 月 27 日，智利新政府就任命新大使征求中国政府意见。考虑到当时多数国家对智军政府任命的大使均已表示同意，我国政府也于 1974 年 2 月答复对方，表示接受其新任大使。同年 7 月，我国驻智利大使返任，两国关系遂趋于正常。

当时，苏联对我国同智利军政府保持外交关系的做法大加"谴责"，有的第三世界国家也不大理解，智利左派政党朋友对我国更有意见。

但我国认为，智利政府更迭，这是智利的内政，别国无权干涉；同一国建立或保持外交关系，并不等于同意其内外政策；同智利政府保持关系有利于同智利人民的接触和联系，符合两国长远利益，也符合国际关系准则。

后来的历史事实证明，中国政府的上述立场和做法是完全正确的，并逐步被人们所理解。每当同外国朋友，包括智利朋友，谈到中智关系这段历史时，他们都认为中国做得对，周恩来总理倡导的和平共处五项原则应该成为处理国家关系的准则。而中国处理同智利关系的方针和做法，正是具体实践和平共处五项原则的一个生动范例。

友谊路上不倦的拓荒者

黄志良（中国前驻尼加拉瓜、委内瑞拉大使，曾任驻智利商务代表处秘书）

2020 年是中智建交 50 周年。这是中国人民与遥远的南美洲人民第一次携手朝向友好合作迈出坚定步伐的伟大日子。从中智关系艰难的拓荒岁月发展到今天的战略伙伴和兄弟情谊，留下的是中智两国几代人不断开拓前进的足迹和宝贵贡献。他们之中，有国家领导人，有文化界知名人士，有普通公务员，有进步新闻工作者，有远见卓识的企业家，有杰出社会活动家和众多爱国侨胞……我曾有幸与他们相识，成为这段历史的参与者和见证人。回眸往事，涌现在我脑海中的众多老朋友中，最难忘的是一位身材高大、高额谢顶、慈眉善目的智利长者，被中国同志们亲切称呼为"佩老先生"或"佩老爷子"的吉列尔莫·德尔佩德雷加尔先生。

1959 年 6 月，我被中国人民外交学会借调去接待一位身份特殊的智利来宾。外交学会邀请的访华客人一般都是外国的前政要、国会议员或是非建交国的政界人士，而我们要接待的客人吉列尔莫·德尔佩德雷加尔当时的公开身份是企业家、无党派民主人士。他所持的智利外交部颁发的红皮护照（即外交护照）职务栏写的是"前副总统"。而根据智利宪法，中央政府是没有副总统一职的，这是怎么回事呢？外交学会领导请教了在京的智利老朋友——亚太和会秘书长、画家万徒勒里才弄明白，原来德尔佩德雷加尔先生在 40 年代曾出任过智利政府内政部长，在总统出国访问期间，他行使过代总统的职务，对外就称"副总统"。

于是，我们国内也就按前国家领导人的规格隆重接待了德尔佩德雷加尔夫妇。

确实，这位亦官亦商的人物这次访华来头不小。他来华前，刚上台执政的亚历山德里总统交代他"到中国去看看发展智中贸易关系的可能性"。德尔佩德雷加尔抵京后，即向新闻记者表示：他访华的主要目的是谈贸易。有人说同社会主义国家做不成买卖，他要用实例证明同社会主义国家进行贸易是可能的。第一天，我陪德尔佩德雷加尔夫妇参观了故宫。第二天，我就陪他一个人到中国进出口公司（20世纪50—60年代外贸部下属的只有这一家国营贸易公司）谈生意，主要是洽谈如何用中国的茶叶交换智利的硝肥。那时我国同外国（主要是苏联、东欧社会主义国家）只做易货贸易，不做自由贸易，结算的外币是英镑，拒绝用美元。智利是生产和出口铜的国家，中国是需要大量进口铜的国家，但在那个年代，对新中国持敌对政策的美国宣布铜为严禁向中国出口的重要"战略物资"，因此智利不得卖铜给中国。而作为天然氮肥的硝不在禁运之列，中国需要进口硝，但缺乏支付能力。中智之间开展贸易的难度确实是很大的。

在这种情况下，善捕商机又具有远见的佩老先生选择了硝、茶易货作为推动中智贸易的突破口，他希望由自己的私人公司和中国的国营公司做成一笔交易，以具体实例来证明同社会主义中国做生意是可能的。我注意到，尽管他对做成这笔生意的决心很大，信心十足，但在进行具体谈判时却非常谨慎仔细，在确定货物作价时分厘必争，在商定合同条款时也争取最大利益。我方公司代表也是谈判能手，既坚持基本利益，又灵活变通。经过一整天的讨价还价和反复争论，双方在互利互让的基础上达成协议，签订了中智间第一个切实可行的硝石和茶叶购销合同及备忘录。在签字仪式上，佩老先生举起香槟酒杯对中国公司代表说："我做了几十年生意，谈判无数次，还没有遇到过比中国公司代表更精明能干的谈判对手。"中国公司代表说:"您是企业主人,盈利或亏损都是您自己的事,我们代表的是人民的利益,岂敢不认真对待。"佩老先生听了放声大笑,用英语说了句成语:"友谊归友谊,生意归生意。"紧接着举杯说道:"来,为我们双方的利益,也为我们的友谊干杯!"

如果说佩老先生给我的第一印象是一位十分精明的企业家,那么接下来他给我的印象又是一位具有远见卓识的政治活动家。他对抵京第一天设宴欢迎他们夫妇的外交学会会长张奚若和副秘书长吴茂荪(民革领导人之一)两人产生了浓厚兴趣,认真听取他们阐述中国共产党争取革命胜利"三大法宝"之一的统一战线政策,还风趣地对张会长说:"按照中国人的标准,我大概可算作爱国的民族资产阶级吧。"佩老先生表示,他在国内同各阶层、各政党都保持了良好关系,但更倾向智利左派,他本人是阿连德的好朋友,主张同社会主义国家发展关系。

在到京后的第四天,德尔佩德雷加尔受到了中共中央主席毛泽东和国家主席刘少奇的同时接见。虽然这是一次礼节性的会见,没有进行深入交谈,但德尔佩德雷加尔对这一高规格的礼遇喜出望外,激动不已。他向毛主席赠送了一件智利民族服装"庞乔",还请毛主席披上同他一起照相留念。事后,他对陪见人员说,见到毛主席是他一生最大的殊荣。

当晚,周恩来总理和夫人邓颖超特地设宴款待了德尔佩德雷加尔夫妇。周总理高度评价德尔佩德雷加尔积极主张发展中智关系的远见卓识,热情赞扬了他带头同中国做生意的壮举。德尔佩德雷加尔告诉周恩来,他已向中国对外贸易部官员提出,希望中方派代表常驻智利。周总理听了非常高兴,说这正是他12年前向最早访华的智利代表提出的一个设想,希望德尔佩德雷加尔先生努力促成此事。

德尔佩德雷加尔这次访华不仅推动了中智两国贸易的发展,也为以后两国建立非官方的贸易机构奠定了基础。

1959 年 6 月 18 日，中共中央主席毛泽东、中国国家主席刘少奇在北京会见来访的智利前副总统兼国会主席吉列尔莫·德尔佩德雷加尔和夫人。

　　德尔佩德雷加尔回国后，积极促进中智间的民间往来，推荐了多位有影响的政界人士和工商界人士访华，他本人被推举为人民中国之友委员会主席。1961 年 7 月，他热情参与接待了南汉宸率领的中国贸易代表团。见到随团当翻译的我，他非常高兴，对我非常热情。他陪同我们会见了智利硝碘公司等有关部门的官员，还邀请代表团去了他的庄园别墅。

　　1964 年春，智利新兴的基督教民主党创建人爱德华多·弗雷在大选中获胜，出任总统，开始奉行温和的民族主义政策。弗雷总统任用的外交部长塞尔希略·巴尔德斯是德尔佩德雷加尔的老朋友，曾在他的公司里担任多年的法律顾问，两人私交甚深。德尔佩德雷加尔利用自己的影响力和私人关系，对基民党政府做了卓有成效的工作来推动中智关系。智利新政府同意中国在智利设立常驻贸易机构，这既是国内外形势发展使然，也是智利各界友人多年努力和我方积极争取的结果，其中德尔佩德雷加尔更是发挥了别人难以替代的作用。中智关系迈出这一大步，佩老先生功不可没。

1965年4月，我和妻子静言随同林平夫妇及中国驻智利商务代表处的全体成员到达圣地亚哥时，在机场迎接我们的众多智利友人中，德尔佩德雷加尔夫妇站在第一排。佩老先生笑吟吟地对林平说："我们大家期盼多年的目标，一半实现了！"

到达智利的第三天，中国商代处的正副代表在德尔佩德雷加尔的陪同下，礼节性拜会了巴尔德斯外长。我从他们的交谈中能看出，外长对佩老先生很尊敬，关系热络。我还记得，佩老先生在向外长介绍我时，开了一个亲热的玩笑："他是我访华时的翻译，名字叫'智利人胡安'。"巴尔德斯外长听了哈哈大笑，林平代表只听懂了上半句，不知下半句什么意思。事后我向林代表解释：我名字"志良"的西班牙语读音听起来与英语的"智利人"相仿，而"胡安"这个拉美人常用的名字正好同我的姓氏"黄"字谐音。从此，智利朋友见了我都亲切地称呼我"胡安尼托（胡安的昵称）"或"智利人"。

我们代表处成立后，每次遇到困难和麻烦，总是首先去找佩老先生（另一位我们常找的朋友是阿连德）。佩老先生的社会关系多，"路子广"，大大方便了我们工作的顺利开展。在中国商代处所处的特殊环境里，佩老先生给予我们的帮助和保护是多方面的。他在首都郊外有一处漂亮的海滨别墅，我们经常应邀去那里度假休闲。当时，我们这个南美洲唯一的中共派出机构自然成了美蒋特务的追逐目标，我们的一举一动、一言一行都受到他们的监视和窃听。所以，我们内部开会讨论工作或传达文件都得找个安全可靠的地方。佩老先生别墅后院一片绿荫匝地的小山坡便成了我们经常用来开会的场所。不知内情的佩老先生一直以为我们偏爱那里的环境和景色，以至于到了两国建交，林平当了大使后，他还多次邀请大使夫妇到"你们中国人特别喜爱"的后山坡去休闲。

佩老先生给予我们最大的帮助，主要还反映在促进我们同智利政府当权派的关系方面。例如，有一次他以"家宴"的名义，在他市中心的豪华寓所里邀请巴尔德斯外长和林平代表"共进晚餐"，两人秘密进行了一次深入探讨发展两国关系的会谈。此后不久，这位外长在一次外交场合发表讲话，公开呼吁国际社会承认中华人民共和国的存在，并主张多方面发展对华关系。

1965 年 3 月，德尔佩德雷加尔第二次访华，受到了刘少奇主席的亲切会见，我国国家领导人高度赞扬了他对推动中智关系所作的贡献。

1970 年秋，智利社会党领导人阿连德当选总统，当年年底，中智建交。出乎大家预料的是，德尔佩德雷加尔被任命为智利驻苏联大使，而一位名叫乌里韦的经济学家被派来中国当首任大使。佩老先生到苏联后，"身在莫斯科，心在北京"，经常到我国驻苏使馆做客，吃中国饭，每次必谈他的两次访华观感和他为促进中智关系所作的努力，居然还多次提到我这个忘年交的朋友，大讲"智利人胡安"的故事。那时，我已从智利回国多年，在外交部翻译室工作，德尔佩德雷加尔在苏联的轶事，我是后来从两个不同途径听说的：一个是我的同事潘占林（后来曾任中国驻南斯拉夫联盟和驻以色列大使），他那时在驻苏使馆当大使翻译，每次在北京见到我都要提起德尔佩德雷加尔对华友好的事；另一个是我在阿根廷工作时认识的智利驻阿使馆政务参赞劳尔·费尔南德斯，他曾在智利驻苏联大使馆任一等秘书，是德尔佩德雷加尔大使的助手兼翻译。他第一次见到我的名片时惊呼："您就是德尔佩德雷加尔先生常说起的中国青年朋友'智利人胡安'？！"于是，我们两人也成了好朋友。

德尔佩德雷加尔在莫斯科当了两年大使就回国退休了。他退休后的第一件事是携夫人第三次访华。林平和夫人季尼以及我和静言陪同这对老朋友游览了颐和园。那是一个容易引发伤感的秋日，我望着年过古稀的佩老先生的背影，忽然预感到这恐怕是他最后一次访华，也可能是我们最后一次见面了，想到这些，我心中不免有些惆怅。此时的佩老先生看上去身板还挺硬朗，但言谈间更多了些情感的流露。我记得当我们穿过长廊时，见到一个两岁左右的小男孩正扶着栏杆玩耍。佩老先生走近去低声地说："多可爱的孩子！"脸上流露的是一位慈爱的老祖父的无限深情。他感慨地对我们说："我深信，到他长大时中国将会更强大，人民生活也会更美好。他们是幸福的一代！"我听他说这话时，眼前的德尔佩德雷加尔已再不是当年那个精明的企业家、老到干练的政治家，而只是一位对孩子、对中国的未来充满爱心和深情的慈祥老人。那天中午，我们一起在听鹂馆吃午饭。回首往事时，佩老先生又一次强调说，他一生中最得意的事情之一就是为促进中智关系做了点工作。接着，他又感叹说："我已经老了，这是最后一次访华。我想在见上帝之前，先来会会你们这些老朋友，再看看中国的进步。"他的话语重情长，让我深深感动。

自此以后，我再也没有听到德尔佩德雷加尔的消息。直到1980年春，我在驻阿根廷使馆工作时，从圣地亚哥传来了佩老先生以83岁高龄逝世的噩耗，徐中夫大使（来阿根廷前为第二任驻智利大使，也是佩老先生的好朋友）和我联名给德尔佩德雷加尔夫人发去了唁电，表达我们诚挚的哀悼。

在中国和拉美国家友好关系蓬勃发展的今天，智利人常常骄傲地说：在中拉关系发展史上，智利占了好多个"第一"，如第一个与新中国做生意、第一个接受中国留学生、第一个接纳中国常驻机构、第一个同中国建交的南美国家；第一个同中国签署世贸组织市场准入协议、第一个同中国达成自由贸易协定的拉美国家。在积累最初的那些"第一"的过程中，我们都能看到德尔佩德雷加尔的身影。所有当年在智利工作过的中国同志一致认为：德尔佩德雷加尔先生是中智友谊路上不倦的拓荒者。

我认识的智利女总统巴切莱特

刘玉琴（中国前驻智利大使）

　　在最近 30 多年的智利政坛上，维罗妮卡·米歇尔·巴切莱特·赫里亚是个传奇人物。她曾两次任智利总统。在 2015 年福布斯全球权势女性榜中，巴切莱特位列第 25 位。2012 年，巴切莱特被《外交政策》杂志评为伊比利亚美洲最有影响力的 10 人之一。

　　2007 年至 2010 年我在智利工作时，正是巴切莱特总统首次执政时期。当时，无论是公务还是私交，我与总统都有不少接触，有机会近距离观察她、了解她。她热情开朗、诚挚待人的性格，坚韧不拔、百折不挠的毅力，亲民爱民、勤政廉政的执政理念，都给我留下了深刻印象。

襟怀宽广的平民总统

　　巴切莱特是一位平凡而又非凡的女性。"平凡"是说她也有普通人的喜怒哀乐：她曾有过两段失败的婚姻，育有 3 个子女，而她至今独身；"非凡"是说她不仅能直面自己的人生，自立自强，独自亲力亲为抚育自己的孩子长大成人，还敢于承担国家的最高领导责任，在男人占主导地位的智利社会独领风骚，成为智利和拉丁美洲历史上第一位女国防部长，后来又成为智利以及南美洲第一位民主选举产生的女总统，数年后又成为智利第一位两次担任国家元首职务的女性。

巴切莱特的人生经历远不止这些。1973 年的智利军事政变骤然改变了她家的一切：身为空军将军的父亲因支持被推翻的民主政府而受迫害死于狱中，年仅 51 岁。从小在优渥环境中长大的巴切莱特和妈妈也坐过牢，后来又被迫在国外流亡多年。挫折和苦难不仅没能使巴切莱特屈服，反而锻炼了她远大的政治视野、出色的工作能力、刚直不阿的品质以及百折不挠的毅力，这些都为她日后成为杰出的政治家打下了深厚的基础。尽管她本人及家庭遭遇了诸多不幸，但当她担任国防部长，特别是就任总统后，却以国家利益为重，没有利用职权报复那些给她家带来无法弥补灾难的人，而是坚持原则，严惩对国家和人民犯罪的首恶，同时用博大的胸怀致力于全国和解与国家建设。她在电视讲话中公开表示："最重要的是避免历史重演，避免我们的后代经历同样的痛苦。"巴切莱特的高尚品德赢得了人们的尊敬，即使有人不赞同她的政治信仰，但对她的人品还是称赞有加。

巴切莱特是一位令人尊敬的领导人，同时也是一个重情感、易接近的"好人"。出使智利之前，我就听说过这位女总统的一些轶事。据说，在一次公共集会上，巴切莱特正向民众讲话，突然人群中一个人晕倒在地。总统马上停止讲话，走下讲台，来到这个人身旁，并对大家说："我是医生，让我看看他怎么了。"在这样的场合，她首先想到自己是医生，而不是总统，这个人的安危是她最关心的。她的举动感动了许多人。

巴切莱特当选总统后，不知是否纯属巧合，外国驻智利使节中女大使也多了起来。出于女性的细腻，巴切莱特特地邀请 12 位外国驻智利女大使到她家做客。

那天晚上 8 点，我们准时到达巴切莱特的总统官邸。说是总统官邸，其实并不是政府提供的，而是她当总统后用国家补助租的房子。因为国家补贴有限，巴切莱特也不是富人，因此那处房子就在居民区里，邻居大多是平民。虽然有不少警卫守护，官邸却是个不大的院落，大门离房屋门没有几步；屋里的厅也不大，只能坐下我们这十来个人；不大的餐厅里只有一张长桌，而且刚刚好容下我们这些人。室内装饰简朴，但典雅而温馨。更让我们惊奇的是，只有总统一个人接待我们，既没有政府官员，也没有外交部礼宾人员，只有两名服务员为大家端茶倒水。也许因为总统家太小，空间有限，为了让十来个女大使都能参加，总统只好不安排其他陪同人员。

席间，我们谈笑风生，话题广泛，从国家大事、政府政策到孩子教育，甚至对她的内阁部长们"品头论足"。谈得高兴时，仿佛人人都忘记了自己的身份，就像一群老朋友在谈天说地。

晚宴不知不觉持续到了近凌晨1点，巴切莱特还在兴致勃勃地谈着，倒是我们觉得应该告退了，毕竟次日还要工作，特别是总统巴切莱特，明天还不知有多少事等着她呢。临行前，巴切莱特送给每人一件纪念品，我们依依不舍地向总统告别。

第二天，我亲自给巴切莱特写信致谢。我在信中说：我们与你都沉浸在情谊之中。你的个人魅力征服了我们所有人，你的慷慨使我们忘记了我们所面对的是一位国家元首。

与上海世博会的情缘

早在中国筹办上海世博会时，巴切莱特就认为这将是2010年全世界最重要的事件之一。以其一贯的睿智，巴切莱特预感到了上海世博会带来的商机。智利是第一个签署上海世博会参展合同的拉美国家，也是第一个决定自建独立展馆参会的拉美国家。但是，2008年的世界金融风暴也冲击了智利经济，而建展馆需要几千万美元的费用，这在智利国内引起了争议。很多人认为，在困难时期，这么多钱不如用在国内，但巴切莱特政府力排众议，坚持建独立展馆，以宣传智利，扩大影响，并且以此作为全面促进智中关系发展的一项长远投资。政府的坚决支持，使组委会的工作得以顺利进行。

　　巴切莱特为上海世博会智利国家馆建设倾注了大量的心血。2008年4月对中国进行国事访问时，她特地亲临世博会预定会址参观。在那到处都是砖石钢料、基本还没有成型建筑物的工地上，她仿佛看到了两年后的盛况。2009年，离上海世博会开幕还有一年多的时间，智利馆就已完成设计，制作了沙盘。4月30日，在智利首都圣地亚哥，巴切莱特亲自主持了上海世博会智利国家馆启动仪式，极大地鼓舞了参与设计建设的各方面人员。在仪式上，她脸上挂满了开心的笑容，她眼里充满了对智利未来的憧憬。同年11月，她去新加坡出席第十七次亚太经合组织（APEC）领导人非正式会议后再次来到上海，亲自推动机械推杆，将最后一根梁柱吊起，完成了智利馆的结构封顶。2010年4月30日世博会开幕时，巴切莱特已卸任总统，但中方并没有忘记这位老朋友，特别邀请她出席了开幕式。就这样，巴切莱特两年中三次来中国，亲眼看到了她一直关心的气势磅礴的上海世博会，看到了包括她在内的许许多多智利人的心血成果——智利馆。世博会后，智利的蓝莓、车厘子、苹果等许多产品大举流向中国大江南北，智利的红葡萄酒更是上了中国普通家庭的餐桌。巴切莱特政府的高瞻远瞩为智利带来了实实在在的好处，也使中国人更加熟悉了偏居地球另一端的遥远的智利。

　　在历时半年之久的上海世博会上，智利馆成为备受欢迎的展馆，前来参观的人络绎不绝，网上好评如潮。有人说，智利馆巧夺天工，精致得令人惊叹；有人从中看到了建筑是有生命的。有一位网友称："因为智利的这份真诚，我今生一定会去一次智利。"世博会结束时，在参展的240多个国家和国际组织中，智利馆获评主题演绎类金奖。更有意思的是，智利一开始就有心长久保留自己的智慧结晶，智利驻

2009 年 4 月，智利总统巴切莱特（中）出席
上海世博会智利馆启动仪式。

华大使施密特将这一想法兑现。现在，在风光秀丽的天津蓟县（现蓟
州区）盘山脚下的智利风情园（即中国 - 智利示范农场）里，在果树花
丛中，矗立着原版的上海世博会智利国家馆，那是工人们在世博会结
束后将整个展馆小心翼翼拆成一块块木条，运到天津又一块块细致拼
装起来的。据说，在所有组件中，只有一圈拱形木条因拆下后无法复原，
只好在智利重新定做后运来安装。现在，坐落在青山绿水之中的智利
风情园已开放为京津地区一个广受欢迎的旅游景点，智利馆则是园中
一道亮丽的风景线。

款款中国情

巴切莱特对中国一直怀有友好的情感。她曾对我说，她从小就向往中国的悠久历史和文化，访华后亲眼见证了中国日新月异的发展和进步。她认为，今天和今后的中国都是促进世界繁荣发展的重要力量，在应对世界安全、金融危机和气候变化等全球问题上发挥着日益重要和积极的作用。她强调，智利政府已把优先发展对华关系作为一项国策确定下来，她的政府在外交上的重要成就之一就是推动了对华关系的全面快速发展。

正如巴切莱特所言，在她的总统任期内，中智两国关系迅速发展。中智自由贸易协定生效后，两国经贸迈上了一个新台阶，中国成为智利在全球的第一大贸易伙伴，智利成为中国在拉美的第三大贸易伙伴。两国在政治、文化、教育、科技、军事等各个领域的交往都有了长足的进展。这是继 1970 年智利成为第一个承认中华人民共和国的南美国家后，中智两国进入双边关系发展最好的时期之一。

2007 年 11 月，以"拓展贸易投资，共创互利共赢"为主题的首届中国 - 拉美企业家高峰会在智利首都圣地亚哥举行，来自中国和拉美 16 个国家的 400 多名企业家及 3 个国际组织的代表与会。高峰会由中国贸促会与智利外交部贸易促进局、智利银行和智中商会共同举办，中国全国政协副主席李蒙和贸促会会长万季飞率阵容强大的代表团出席。巴切莱特一直亲自关心对华经贸合作，对这次中拉企业家高峰会也非常重视。11 月 27 日，巴切莱特亲自率智利外长等政府高级官员出席了高峰会开幕式，并发表了主旨讲话。她在讲话中强调，智中两国自由贸易协定生效以来，智利对中国的出口增长 140%，进口增长 40%，中国已取代美国成为智利最大的贸易伙伴。她说："尽管智中两国相距遥远，但太平洋已不再是分隔智中两国的障碍，而成为联系双方的纽带。"总统的支持使圣地亚哥会议取得圆满成功，并促成中拉之间正式建立第一个双方民间经贸合作机制。至2019年，高峰会已分别在中国和拉美等地共举办了13届，参加的国家和企业家越来越多，涉及范围越来越广，有力地推动了中拉经贸合作的发展，智利为此起了很好的引领作用。

2007年11月，智利总统巴切莱特出席首届中国-拉美企业家高峰会并讲话。

　　巴切莱特执政时期，中智文化交流日益频繁，访问智利的中国文艺团组越来越多，受到智利民众的欢迎。2009年1月，浙江金华婺剧团作为主宾参加了在智利首都圣地亚哥举办的"智利千年"国际艺术节，这也是该团首访南美洲。演出前，演员们一边敲锣打鼓，一边舞动长龙，载歌载舞，从市中心最繁华的武器广场推着狮车进行了长达1公里的踩街表演，成千上万的圣地亚哥人一路驻步跟随、随乐起舞。据说，一贯以冷静、矜持著称的智利人难得有这样的表现。露天演出的舞台设在总统府正对面的文化广场。精彩绝伦的节目、欢快优美的音乐，吸引了上万人观看。当晚，巴切莱特也从总统府看到了演员的表演，之后她特别委托内阁办公室主任电话慰问剧团并热烈祝贺演出成功。

智利国民文化素质较好，人口并不众多的智利出了两位诺贝尔文学奖得主就是明证。智利人早就被世界奇迹——中国兵马俑深深吸引，巴切莱特决心以庆祝智利独立 200 周年为契机，把兵马俑展览请到智利。2008 年 4 月访华时，巴切莱特总统亲自向中方表达了这一意愿。之后，她全力支持有关部门，克服重重困难，坚持在智利举办兵马俑展。2009年 12 月 2 日，"古代中国与兵马俑"展览在智利总统府文化中心隆重开幕，巴切莱特出席开幕式并发表讲话。她说，此展时逢智利庆祝独立 200 周年和智中建交 40 周年这两大重要的历史事件，因此具有非同寻常的意义。这是智中双方在文化以及其他各领域合作深化的又一巨大成果，一定能够赢得智利人民的热烈欢迎和喜爱。巴切莱特总统特别邀请智利的青少年前来观看展览，希望他们通过此展更多地了解中国灿烂的文化与悠久的历史，为两国友谊作出贡献。总统府文化中心主任塞拉诺女士激动地说，在文化中心成立以来举办的无数次展览开幕式中，从未有过像今天中国兵马俑展现场如此多的观众和记者。次日，智利各电视台、报刊和电台对展览开幕式进行大量报道。在此后长达半年多的展出时间里，展馆外总是排着长长的队伍。在总统亲自推动下，艺术品位高雅的智利人对中国文化的兴趣达到了顶峰。

2008 年 4 月 11 日至 15 日，巴切莱特总统对中国进行国事访问并作为第一位拉美国家元首出席了博鳌亚洲论坛。

在华只有短短的五天，巴切莱特却马不停蹄地如旋风般访问了中国的四个城市：在三亚出席胡锦涛主席主持的欢迎仪式和会谈并参加两国多个协议的签字仪式；在博鳌出席博鳌论坛并发表演讲及出席论坛活动；在北京分别与温家宝总理、吴邦国委员长会见；与王岐山副总理共同主持中国 - 智利经贸合作论坛；在中央党校发表演讲，出席"马普切，智利的起源"文化展开幕式等；在上海会见市领导，参观上海世博局并出席智利签署参加上海世博会合约仪式；出席中智企业家上海论坛及"上海智利周"活动等。

这次访问进一步增进了中智之间的相互了解，拉近了两国和两国人民之间的距离。然而，硕果累累的国事访问差点被总统专机闹出的"小插曲"搅乱。巴切莱特当年乘坐的总统专机还是 20 世纪 60 年代出厂的波音 707 型老飞机，陪她访问过许多国家。在这次行程最远的旅途中，这架飞机终于不堪重负，"耍起了脾气"。

由于巴切莱特总统首先要去中国海南省出席博鳌论坛，预定的航线是从首都圣地亚哥起飞，经停乌拉圭首都蒙得维的亚、南非开普敦和马尔代夫，再飞到中国三亚。4 月 10 日凌晨，专机起飞不久，机长发现飞机引擎出现故障，他立即向总统报告并建议返航。为了不引起恐慌，总统嘱咐先不要告知飞机上正在酣睡的随行人员。飞机抵达圣地亚哥上空时，总统叫醒了人们，并以她特有的诙谐说："大家往舷窗外看看，我们到哪儿了？"专机上的人都非常惊讶：竟然又回家了？然后，总统表示，飞机修好后将继续此次航程，她保证一定让机上的每一个人都能随她访问中国。总统兑现了自己的承诺，第二天专机修好后，虽晚了一天，但专机上的所有人——政府官员、国会议员、总统警卫、礼宾人员以及随行的企业家、媒体人士等都飞抵海南三亚。但在这些人中，看不见总统的身影。

因为，巴切莱特本人等不及她的专机修好了。为了准时出席博鳌论坛，总统决定乘智利空军的另一架飞机先飞往中国。那是一架 12 人座的小飞机，而且 12 人中还包括 5 名机组人员。就这样，总统带着外长、农业部部长及最必要的警卫和礼宾人员，总共 7 人乘着这架小飞机毅然飞往万里之外的中国。

按照外交部礼宾司的安排，专机抵达后我作为大使应先登上飞机请总统下机。但飞机实在是太小了，等飞机停稳后，舱门刚打开，还未等我上机，巴切莱特已两三步走下了舷梯。我看着那架小小的飞机，望着这位长途跋涉从地球另一端赶来的朋友，心里非常感动。胡锦涛主席与巴切莱特会谈前，我们汇报情况，杨洁篪外长事先特地叮嘱我要向主席报告智利总统乘坐小飞机来华的事。礼宾司领导私下对我说，为感谢巴切莱特的善意，他们特意在礼宾上作了特别安排。首先在胡主席极为繁忙的日程中迅速调整了为巴切莱特举行正式欢迎仪式和会谈的时间，而且在为出席博鳌论坛的十位外国国家元首和政府首脑及其他国家高级领导人举行的活动中，两次把巴切莱特安排在胡主席身旁，以便他们更多地交流。

专机的"小插曲"使我们对智利这位女总统有了更多的认识，也让我们感到，智利在对华关系方面之所以总是走在拉美国家的前列，正是因为有许许多多像巴切莱特这样时时呵护、时时培育两国友谊的精英。

巴切莱特最喜欢的歌曲是《热爱生活》，她的为人准则也正如歌词所言：感谢生活，给了我如此之多。面对人生坎坷，她从不怨天怨地，而总是怀着感恩的心理，感恩生活给了自己许多。人非圣贤，巴切莱特担任公职时的功过是非，自有历史和人民予以评说。她为智利人民的福祉和经济社会发展以及推动智利走向世界已尽心尽力。她赢得了尊敬，也赢得了信任，智利的历史上有她的一席之地。

中智友谊地久天长
——献给中智建交 50 周年

张沙鹰（中国前驻智利大使）

孔子曰："三十而立，……五十而知天命。"2020 年，中国与智利外交关系进入"知天命"之年。

记得 2000 年 9 月，我作为第八任中国驻智利大使曾在瓦尔帕莱索一家报纸发表谈话，对两国外交关系历经风波日臻成熟进入"而立之年"的历史作了回顾，对两国友好合作在新世纪的辉煌前景进行了展望。在智利任职的短短两年时间内，我和使馆全体人员经历了庆祝中华人民共和国成立 50 周年、迎接澳门回归、迎接新千禧和庆祝中智建交 30 周年四大盛事。在弗雷和拉戈斯总统两届政府的支持和智中文协、智中商会朋友的协助下，我们举办了多场活动，广泛宣传新中国 50 年巨大成就和建交 30 周年中智关系的飞跃发展。

1998 年 11 月，张沙鹰大使向弗雷总统递交国书。

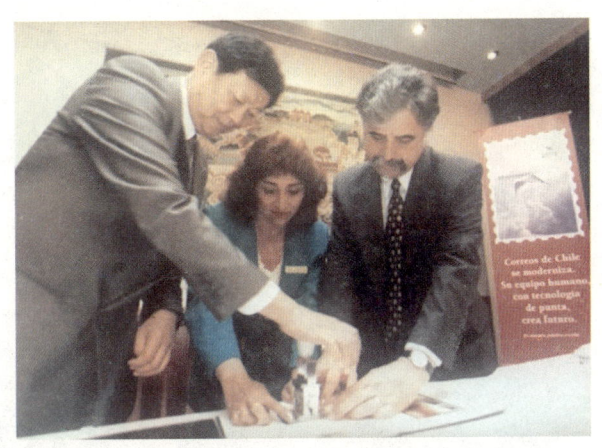

张沙鹰大使在中智建交
30 周年纪念封上盖章。

　　白驹过隙，时光荏苒。20 年之后，我高兴地看到，随着中国改革开放的发展和智利对中国的日益重视，中智关系连创多项第一，继续走在中拉关系前列。2016 年，习近平主席访智，同巴切莱特总统签署文件，将中智双边关系定位提升为全面战略伙伴关系，掀开中智关系新的篇章。在新的起点上，中智关系进入成熟稳定的新阶段。两国在应对 2020 年新冠肺炎疫情这场严重的全球公共卫生事件中风雨同舟、共同抗疫，维护全球公共卫生安全。疫情中，习近平主席和皮涅拉总统通电话，相约以建交 50 周年为契机，办好相关庆祝活动，深化各领域合作，推进共建"一带一路"，把中智友好传承好，把中智合作发展好，推动中智关系迈上新台阶，造福两国人民。皮涅拉总统重申，智方始终将发展对华关系视为外交优先方向，两国应共同维护多边主义，加强国际事务协调。两国元首的谈话为中智全面战略伙伴关系的发展规划了蓝图，中智友好合作定会迎来更加美好的明天。

　　我们缅怀毛泽东主席、周恩来总理和阿连德总统为中智友好事业奠基的伟大贡献；忆起为双边关系发展无私奉献、默默耕耘的各位朋友，感慨万千。这一刻，许多亲切鲜活的面孔从眼前掠过，无数激动人心的故事历历再现。

吃水不忘挖井人

1971 年 8 月 29 日晚 11 点，周恩来总理决定在百忙之中与郭沫若副委员长一道，会见几位智利外宾：激进党资深众议员、智中文协领导人、智利全国广播公司董事长胡安·马丁内斯一行。

1971 年 8 月 29 日，中国国务院总理周恩来和中国全国人大常委会副委员长郭沫若在北京会见智利 - 中国文化协会领导人胡安·马丁内斯一行。

马丁内斯是刚执政半年的阿连德总统的老友，两次担任智中文协主席。1961 年 5 月，他曾接待中国贸促会会长南汉宸率领的代表团。当年 8 月，他作为智中文协主席应邀首次访华，会见了周恩来总理。这次是他第二次来访，他恳切要求再次会见周总理。他受阿连德总统之托，作为新任智利全国广播公司的负责人，希望了解新中国无线电通信发展情况和与智方进行无线电通信合作的可能。他表示，阿连德政府期望与中方合作，以加强自己的内外舆论宣传能力。

会见历时近两小时。周总理欢迎马丁内斯再次访华，请他转达对老朋友阿连德荣任智利总统的再次祝贺。谈及无线电通信合作，周总理不避在场的智利朋友，当场严肃地检查起接待班子的工作，了解我们对客人要求的联系和处理情况。当他得知问题的关键在于智利使用的广电系统全部是美国 RCA 制式，而我国已采用苏联制式生产无线电产品，二者很难匹配后，随即耐心坦诚地向马丁内斯介绍情况，说明我方的困难，请对方谅解。马丁内斯感谢周总理亲自关心此事，对中方碍难提供相应帮助表示充分理解。他希望了解中国广电事业发展情况，推动两国继续开展有关合作。为此，周总理专门指示，北京、南京、上海的无线电厂都安排客人前去看看，下榻的宾馆要摆上国产的收音机，由翻译为他们介绍广播内容（当时还没有西语播音）。周总理起身告别时，代表团中一位戴眼镜的智利少年激动地凑近周总理，把事先画好的一幅画亲手献给这位凌晨仍在工作的总理爷爷。周总理高兴地收下画作并向他道谢。我们离开了客厅，周总理留下在场的智利驻华大使——凌晨 1 点他们还有一场官方会谈。

这只是周总理会见智利外宾中的一次。马丁内斯此次访华的目的因客观原因没能达成，但周总理对智利人民的友情真心可鉴。

新中国成立后，智利是中国"以民促官"对拉美国家开展民间外交最早、做工作最多，也是效果最佳的国家。中智关系发展的每一步都凝聚着周总理的心血，闪耀着他外交思想和外交风格的光辉。他鞠躬尽瘁常年不懈地做了大量工作，直接推动了中智关系的发展。1970 年，他和阿连德总统促成中智建交，开掘中智友好之井。今天，畅饮永世不竭的甘甜井水，两国人民一定会继往开来，创造出中智友好新的天地。

天涯芳草觅知音

新中国成立不久，派出过为数不多的艺术团队出国访问演出，智利就是访演国之一。1956 年 8 月 20 日，时任智利总统伊巴涅斯就在圣地亚哥会见了中国艺术团团长楚图南并观看演出。1959 年 3 月，中国杂技艺术团访智，仅在圣地亚哥就演出 35 场，观众达 14 万人。1970 年中智建交后，中央和地方百余歌舞、杂技和武术团队赴智访演，为中智文化交流增辉添彩。

在众多访智的艺术家中，享誉中外的女作曲家、艺术教育家和对外文化使者谷建芬老师堪称突出代表。1978 年底，她作为中央歌舞团创作员随团赴智利等拉美和加勒比六国访问演出。著名舞蹈家资华筠、姚珠珠，琵琶演奏家李光祖均参团出访。我和对外友协几位同事参加此访的筹备和外语翻译工作。访问中，谷老师精力充沛、激情满满，争分夺秒地就地汲取拉美民间音乐和歌曲营养，与团中歌唱家一道热情介绍中国传统和现代歌曲艺术，为中国和拉美艺术交流不遗余力。人们时常看到，谷老师或在旅馆大堂，或在剧场乐池，甚至在演出幕间，拉着我们这些"可怜的"翻译，缠住智利的同行广泛采风撷英的场景。她这种痴迷他国文化艺术的执着感动了智利艺术界的朋友。他们说，还从没见过哪一位外国艺术家像谷老师这般喜爱并学习他们自己的艺术。他们慷慨地献上尘封已久的歌片曲谱，一心让更多的中国观众听到智利的歌声。谷老师喜形于色，常备上一两件中国的工艺品送给智利朋友，感谢他们的真诚帮助。

中央歌舞团在瓦尔帕莱索剧院隆重演出，智利时任国家元首穿着白色军装，在徐中夫大使陪同下出席观看。剧场爆满，节目受到智利观众的热烈欢迎。中央歌舞团对智利的访问演出圆满成功，中国艺术家像美丽的天使，飞越大洋劲舞欢歌，把中智友好的种子一次次播撒到智利人民心间。

失学女童的贴心人

　　智利第四大区科金博大区的濒临太平洋的东戈伊（Tongui）小镇，曾经长年居住过一位名叫乌戈·达赫勒的可爱老人。他是中国人民的老朋友，同我及前后的几任中国大使都很熟识。他瘦高的个子，微驼的身躯，那稀疏的白发总是梳理得光鲜有致，一双略显浑浊的眼睛位于黑色宽边眼镜后，慈祥地注视着周围，让人感到十分亲切。晴日，从他海边山坡的小房向西可以一览无遗地眺望无际的太平洋，遥远的中国就在大洋彼岸。科金博大区还诞生过一位诺贝尔文学奖得主——闻名世界的智利女诗人、外交家加夫列拉·米斯特拉尔。她以清新的诗文、强烈的人道主义情怀和博爱精神，表达出智利人民对美好理想的向往和呼唤。

张沙鹰大使与乌戈夫妇。

　　乌戈是中智友好事业的独行侠，他身居偏僻渔村却常年订阅《中国建设》杂志（后更名为《今日中国》）。他说，1959 年中国第一个贸易代表团访智时，他作为经济部纺织局技术人员参加过接待，由此开始了他与中国几十年的不解之缘。定居东戈伊后，由于联系和交通不便，他无法经常参加中国使馆和智中文协的日常活动。不过，使馆的国庆活动他都会尽量赶来出席。他曾是一位普通公务员，是智利社会党的拥趸。据乌戈讲，在军政府时期他曾因政治态度受过迫害，长期阅读新中国期刊竟成为其中一条证据，以致他的退休金因部分工龄中断而受到影响。他只靠每月 500 美元左右的退休金度日，生活拮据，好在还有两栋简易房舍，节假日可以出租给游客和学生补贴家用。老人生性幽默浪漫，善良宽厚，最后一位夫人卡门是法国人，比他小十多岁，后罹患阿尔茨海默病，全靠乌戈护理。他偌大年纪，全凭坚强的脊梁支撑起全家的蓝天。

20 世纪 90 年代，他从《今日中国》上得知中国儿童少年基金会发起并推行"春蕾计划"，专门救助贫穷地区失学女童重返校园。占我国失学儿童三分之二的女童们的命运震动了他和卡门，让他们夜不安眠。两人萌生了为友好的中国做点什么的想法，决定省出钱来为"春蕾计划"捐资，并很快给基金会汇去 1600 美元。基金会将捐款分派给甘肃省漳县 11 位小学二年级就辍学的女童，帮助她们复学。乌戈夫妇为中国贫困失学女童送去的爱心和温暖，使她们从小就感受到了远在大洋彼岸的智利人民的深情厚谊。

为了表达对这对智利老夫妇的感谢，2000 年 5 月 2 日，我以中国驻智利大使的身份驱车 400 公里专门赶到乌戈家中，向这位 82 岁高龄的老朋友和夫人卡门送达中国儿童少年基金会的捐赠纪念证书。基金会会长、担任过国务院副总理和全国人大常委会副委员长的陈慕华在证书上的亲笔签名表达了中国人民对他们的崇高敬意和深深感谢。乌戈夫妇十分感动，表示："中国是伟大的国家，我们热爱中国，甘心尽微薄之力帮助这些失学儿童。我们虽然没有多少钱，但平日花销有限，可以省下钱来继续资助中国女童上学。"随行的新华社记者周淑霞对乌戈夫妇进行了采访，以《一位智利朋友的中国情》为题在《人民日报》刊发报道，感动了众多中国读者。

张沙鹰大使向乌戈夫妇颁发捐款证书。

　　乌戈对中国一直保持着特殊的友情，不管政治风云如何变幻，初心依旧。1999 年 9 月 30 日，他和夫人抱病出席使馆举行的庆祝中华人民共和国成立 50 周年华诞招待会，并送上用精心选购的 50 朵鲜红玫瑰编成的花篮。我和夫人与他们热情相拥，禁不住流下了热泪。乌戈老人有个心愿，想在他们住处对面山坡上建一座"中国塔"，象征中智友谊天长地久。这个心愿虽已成为永久的遗憾，但他一生为中智友好倾心奉献的动人故事将永远激励两国的年轻一代。

智利缘

王治权（中国国际经济合作学会顾问）

　　从地理位置上说，智利是距离中国最遥远的国家。但对中国人民来说，远在天涯的智利并不陌生。1970 年 12 月 15 日，智利同中国建交，成为南美洲第一个同中国建交的国家。这在当时是很不容易的，须知中国恢复在联合国的合法席位还是 1971 年 10 月 25 日的事。在此之前，作为美国"后院"的拉美国家，同中国建交是要顶着巨大压力的。50多年来，中智两国不管国际风云如何变幻，都在稳步发展着两国人民的友谊和两国在各方面的友好合作。

　　作为一个见证中智关系发展长达半个多世纪的过来人，看到中智关系的大好局面和广阔前景，我感到十分欢欣、振奋。1988 年我第一次去智利时，中智贸易额才 1.5 亿美元，特别是中国对智利出口只有3000 多万美元，到 2018 年已达到 427.91 亿美元。30 年间，中智贸易增加了 280 多倍。在双边合作顺利发展的大背景下，我和智利结缘的许多往事，历历在目，回味无穷。

严肃慈祥的园丁

　　1964 年 8 月上旬的一天下午，我正在和生产队的社员们一起插晚稻，公社的一位女干部在高坡上大声喊我：你考上北京的大学了，快去学校拿通知书！大约两周之后，我挑着简单的行李步行到离老家 30 公里远的火车站赶火车，经成都、宝鸡、西安和郑州中转，四天之后从四川一个较为偏远的乡村走进了心中神圣的高等学府——北京外国语学院（现北京外国语大学）。入学后我被分配到西班牙语系（现西班牙语葡萄牙语学院）学习。

我们班的外籍老师就是来自智利的塔拉女士。她中等身材，皮肤白皙，天冷时喜欢穿一件毛线编织的厚斗篷。她平时不苟言笑，但非常友善，富有同情心和耐心，纠正发音、指点语法不急不躁，百问不烦。在为全班 12 名学生取外文名字时，她给我取名 Eduardo（爱德华多），并说这是她侄子的名字。当时我们还不懂西语"侄子"一词，她甜甜一笑，解释说"侄子"就是兄弟姐妹的儿子，我们马上就明白了。教我们的中国老师是一位发音很好的年轻男老师。在中、智老师的细心培育下，我们的语音语调后来都还拿得出手。我在西语国家行走几十年，各国人士都对我的西语口语表示认可。欣慰之际，我一直十分感激启蒙老师的教育之恩。塔拉老师教了我们一年，我们师生关系很好，她曾邀请我们去她在友谊宾馆的家里做客。无拘无束的交谈，通常都能成为一堂十分愉快的口语课。工作后，我一直想再见到大姐姐似的塔拉老师，到智利时曾几次打听她的情况，但遗憾的是因为各种缘由一直没能如愿，只知道塔拉老师多次参加过中国使馆的活动。

二年级时的外教仍然是一位智利老师，名叫费尔南多。他高高的个子，年纪轻轻却留了一把很别致的大胡子。费尔南多老师平时也比较严肃，但有一次他刮掉胡子走进教室，看见学生们惊讶的样子时，却像个孩子似的哈哈大笑，说："你们换老师了！"二年级时的中国老师是一位西语颇有造诣的女老师。费尔南多老师和她配合默契，我们学习起来觉得比较轻松。费尔南多老师的夫人奥利安娜也在晚自习时教授我们会话课。那时候，新中国还正遭受西方国家的封锁，整个拉丁美洲只有古巴和中国建立了外交关系。智利老师们克服各种障碍，不远万里到中国教授西班牙语，实在是了不起的壮举，中国学生们没齿难忘。

我交往最多的国家之一

自 1988 年起，我曾多次加入重要代表团访问智利。仅在 1996 年1 月至 6 月，我就三次前往智利，频率不可谓不高。在智利参加活动的各种场景，至今犹在眼前。

1988 年 11 月，智利政府为郑拓彬部长（左三）授勋，作者（左二）担任翻译。

1991 年 5 月，中国对外经贸部副部长佟志广率领的政府经贸代表团访问智利。对口接待的智利经济部长年仅 26 岁，像一位文质彬彬的大学生，但他在会谈中展示出了很高的专业素质。学识渊博、言谈风趣

的佟副部长在结束会谈后对我说："你瞧，智利部长比你带领的'儿童团'还年轻！"（当时我的同事们大都是大学刚毕业三四年的年轻人，佟副部长曾不止一次笑称我带领的是"儿童团"。）年轻的智利部长十分热情友好，在我们离开智利那天，他一大早就到我们住宿的酒店和佟副部长共进早餐，并送到机场依依话别。

1996 年 1 月，朱镕基副总理访问智利时会见了智利总统弗雷和智利政府主要官员，同他们进行了卓有成效的会谈，实地考察了富有特色的大型炼铜厂和葡萄酒厂。在下榻饭店举行的早餐演讲会上，那经久不息的掌声使我对智利人相对含蓄的性格又有了一点新的认识。代表团所到之处，都受到智利方面十分隆重热情的接待。在双方的共同努力下，访问取得了圆满成功。

1996 年 6 月，对外经贸部部长吴仪率领政府经贸代表团访问智利时出现了一些戏剧性的情节。友好的智方本来对吴仪部长的访问事先作了周到的安排：6 月 18 日上午，弗雷总统会见吴仪部长（总统 19 日将出访意大利），因苏尔萨外长同吴仪部长会谈（外长当天下午赴阿根廷参加重要会议）。但正在吴仪部长即将结束对墨西哥的访问飞往智利时，航空公司取消了从墨西哥城直飞圣地亚哥的航班，理论上代表团无法在18日之前赶到智利。吴仪部长决定和代表团20余人改乘17日晚上从墨西哥城飞秘鲁首都利马的航班，然后立即转乘飞往圣地亚哥的飞机，于18日凌晨到达，按原定日程开始在智利的活动。温文尔雅的弗雷总统和在国际外交场合识人无数的因苏尔萨外长都对吴仪部长的敬业精神和旺盛精力表示由衷赞佩。因苏尔萨外长对吴仪部长说："你不仅精神上是铁娘子，体力上也是铁娘子呀。你可真是铁打的部长。"这与在外交场合的正式谈话似乎有些不同，更像是老朋友之间善意的玩笑话。

高素质的同行

总的来说，拉美国家对中国都比较友好，我们和拉美同行共事比较容易。就个人感觉来说，和智利朋友谈判更为轻松，同他们打交道往往有一种惺惺相惜的感觉。他们对双边关系情况了解透彻，会谈时态度认真而又通情达理，既坚持原则，又尊重对方。我们同他们商谈文件文本时效率较高。平心而论，虽然智方不纠缠文字，中方对促进中智贸易，特别是智利产品对华出口还是很重视的。除同有关部门和企业交流关于知名度已经较高的铜矿、鱼粉和辐射松木材等产品的情况外，我们还多次向安徽、四川和河南等烟草生产大省介绍过智利硝石对提高烟叶产量，特别是改善烟叶成色的作用。

虽然已经退休多年，我仍然在关注中拉经贸关系，包括中智经贸关系的发展情况。我十分高兴地看到，不但智利传统产品的贸易一直在顺利进行，近年来水果、海产品等更是在智利对华出口中异军突起，智利已成为南美国家中对中国出口农产品、食品种类最多的国家。我和智利朋友打交道，一般都是一见如故，分别之后即使没有个人之间的联系，再见之时那种老友重逢的喜悦却总是溢于言表。中国有句古话：君子之交淡如水。我想，这就是我和智利朋友交往的写照。

在北京认识智利驻华大使路易斯·施密特时，我已经退休几年了，平时和他也没有更多联系。但他离任回国几年后，我到智利旅游时和一位朋友去拜访他，感觉仿佛前一天还在一起。这位集成功企业家和杰出外交官于一身的干练朋友，现在第二次担任驻华大使，继续为中智友好和各方面的合作作出宝贵贡献。

历久弥坚的智利情结

参观聂鲁达博物馆。

智利热情友好的朋友，景色旖旎的山海河湖，让我归老林下后常常想念。2015 年初，我和老伴去了一趟智利。在智利期间，我们参观了生机勃勃的果园，那些品质优良的水果正在对中国出口；还领略了智利南方别具特色的雪山、湛蓝静谧的湖泊；更在聂鲁达博物馆参观时流连忘返，思绪万千。作为一个业余的文学爱好者，我曾参与翻译了一些西班牙和拉美的文学名著，由于能力有限，没能参与翻译聂鲁达这位伟大的智利诗人、当之无愧的诺贝尔文学奖获得者的作品，至今我仍深感遗憾。

时光荏苒，青丝成雪，但我仍然期待着有机会再去智利。

智利和中国

——克服距离，勇往直前

费尔南多·雷耶斯·马塔（安德烈斯·贝洛大学拉美-中国研究中心主任、智利前驻华大使）

萨尔瓦多·阿连德总统于 1970 年 11 月就职后，指示智利驻法国大使、智利外交部极负盛名的外交官恩里克·伯恩斯坦因开始与中国驻法国大使进行对话，以达成智利与中国建交的协议。显然，这意味着结束对台湾的认可。这项协议于同年 12 月 15 日签订，智利是第二个签订此类协议的拉美国家，甚至早于联合国恢复中华人民共和国合法代表席位的时间，具有历史意义。该决定是对现实的承认并且具有长远的眼光："这是政治上的当务之急，是历史现实，也是国际义务。中华人民共和国具有一个国家的所有属性，它是有效的对话者并且正在推进不容忽视的政治进程。从那时起，两国关系就按照互相尊重主权和领土完整、互不侵犯、互不干涉内政、平等互利、和平共处的原则发展。"

当阿连德在 1970 年决定与中国建立正式外交关系时，两国之间的商业往来微乎其微。到 2020 年皮涅拉总统第二届任期内时，官方数据表明，两国之间货物贸易额已达到 440.9 亿美元，中国成为智利的第一大贸易伙伴。智利对中国的出口额达 287.5 亿美元，主要出口商品是铜，这为智利创造了众多就业岗位。这两个时间节点有一个相似之处：不论在当时还是现在，美国都没有重视智中关系的发展动态。

在政府层面的接触，包括总统和部长级的会面中，中国代表指出，智利与中国的多个"第一"决定了这段时期两国关系的变化。其中包括：

第一个与中国建交的南美洲国家（1970 年）；

第一个支持中国加入世界贸易组织的拉丁美洲国家（1999 年）；

第一个承认中国市场经济主体的拉丁美洲国家（2004 年）；

除东盟外，世界上第一个以国家主体身份与中国签署自由贸易协定的国家（2005 年）；

首届中国 - 拉丁美洲企业高峰会在智利圣地亚哥举办（2007 年）；

第一个参加博鳌论坛的拉丁美洲国家，该论坛是亚洲的政府、企业和学术界领导人寻求加深亚洲国家之间的经济交流与合作的平台（2008 年）；

第一个完成与中国自由贸易协定升级的国家（2019 年）；

唯一一个以总统级别参加了两届"一带一路"国际合作高峰论坛的拉丁美洲国家（2017 年巴切莱特，2019 年皮涅拉）。

半个世纪的外交关系在历史上是有重要先例可循的。在太平洋战争的最后阶段，中国给予了智利很大的支持。此外，还有巴勃罗·聂鲁达和萨尔瓦多·阿连德等知名人物在中华人民共和国成立之后对中国多次访问。从文化的角度来看，在新中国成立初期两国就建立了特殊的艺术联系，这其中就有作家路易斯·恩里克·德拉诺和画家何塞·万徒勒里的贡献。

但是在特定的政府间关系中，还有一个鲜为人知的篇章——这可以说是一个秘密任务。1968 年 4 月，农业贸易公司的商业和运营经理贝利萨里奥·贝拉斯科来到中国购买了 1000 吨茶叶，目的是取代阿根廷茶（那时阿根廷是主要供应商），从而迫使翁加尼亚军政府遵守已被冻结的纸浆采购合同。这对想要再次竞选智利总统的豪尔赫·亚历山德里领导的纸业纸箱公司具有决定性意义。32 岁的贝拉斯科完成了任务，暗中访问中国并与中国签署了合同。"作为国家自治公司的管理者以及国家适当供应的负责人，商务办公室邀请您访问中国的茶园。您将在该国度过一个月的时间以参观各个地区的茶园。您还会被允许参观和参加一些很少人能获准去的地方和活动。所有行为都是私人行为。"智利外交部部长加布里埃尔·瓦尔代斯交代他说。该计划还包括与毛泽东主席的会面。

外交关系的主要特征是连续性。1973 年 1 月，智利外交部部长克洛多米罗·阿尔梅达率领代表团首次对中国进行正式访问，并特别关注经济议题，希望中国增加经济援助。周恩来总理在分析智利政局时清楚地指出："你们过快了。如果要改革，所有条件都准备好了吗？"他还给阿连德总统写了一封信，分析了根据可调动的力量能做多少以及如何做。他用能够引起共鸣的话说，在当前动荡的国际形势下，更要考虑应付可能出现的各种局面；作两手准备，争取好的，准备坏的。总之，改变经济落后面貌，改善人民生活的目标，只有结合现实的条件和可能，有准备、有步骤地进行才能逐步实现。

智利军事政变后，双方关系保持低调。但是，基于"一国不得干涉另一国内政"的原则，皮诺切特政权的立场与中国的外交政策接轨。

1976 年，在军事政权第一阶段担任智利外交部顾问的企业家里卡多·克拉罗以特使身份前往北京，在那儿他获得了中国政府的支持，以避免联合国因侵犯人权而谴责智利。那时，克拉罗已经能够以并非人人都能感知的方式预感到中国将成为 21 世纪的世界大国。这些想法对智利的发展规划产生了深远的影响。外交部部长埃尔南·库比洛斯于1978 年 10 月访华，受到了中国新一代领导人邓小平的会见。令他感到惊讶的是，邓小平预见了将在中国实施的新的经济政策会是国际开放性市场和贸易的推动因素。邓小平提出了"改革开放"，并提出将进行"三步走"："从封闭的经济向开放的经济过渡；从计划经济向市场经济过渡；从农村社会向城市社会过渡。在世界上人口最多的国家进行的这三步过渡影响了整个世界经济。" 20 世纪 80 年代，智利与中国的外交关系已经恢复正常，双方签署了一些经济、商业合作以及技术和文化范围的协议。两国之间的联系体现在智利向不断发展的工业化的中国销售铜、硝石和碘。

1990 年 5 月，中国国家领导人对智利进行了第一次正式访问，智利总统帕特里西奥·艾尔文接待了中国国家主席杨尚昆。1992 年 11 月，艾尔文成为首位被北京接待的智利国家元首，此行开辟了最高领导人级别关系的旅程，而地理上的距离问题越来越被忽视。艾尔文在接受记者采访时说："原则上，智利的观点是，我们保持的关系超越了各国政府可能存在的政治分歧，而中国则永久支持同一立场。"之后，智中两国互动越来越频繁。

爱德华多·弗雷担任领导人时接到的是一份有更大前景的遗产，无论从哪个角度来看，这都给他的政治生活添了一道色彩：智利已受邀成为亚太经济合作组织（APEC）成员。在参加了一年的工作组会议之后，智利于 1994 年 11 月在印度尼西亚雅加达举行的 APEC 峰会期间正式加入 APEC。智利加入 APEC 的决定是由该国的贸易政策目标决定的，并与"开放区域主义"原则一致，后者启发了智利与亚洲大陆其他国家的发展关系；指导性参考还包括智利与该组织其他成员之间不断发展的贸易关系。此外，智利主要的外国投资者都是 APEC 成员（美国、加拿大、澳大利亚和日本）。但弗雷总统作出的重大决定所依照的框架却是：为智利和中国之间签署自由贸易协定创造条件。

当弗雷总统在雅加达进行双边会谈时，江泽民主席对此表示怀疑。据亲历者称，中国国家主席要求重复翻译内容，因为他不相信理解到的内容是正确的。他对一个像智利这样规模的国家想与中国签订自由贸易协定感到惊讶。此外，中国尚未与世界上任何一个国家签署这样的协议，也还没有加入新成立的世界贸易组织。但是，智利没有停止对该提案的坚持，反而在加拿大、美国、墨西哥三国签署《北美自由贸易协议》后更加热衷推进该提案。

随着 2000 年的到来，中国与拉丁美洲的关系也开启了新的篇章。当年 9 月，中国外交部部长唐家璇对巴西、智利和古巴进行了空前的访问，这标志着"拉丁美洲在中国外交政策雷达上的新亮相"。2001 年 4 月，江泽民主席应里卡多·拉戈斯总统在 2000 年 9 月 APEC 峰会上的邀请来智利访问。拉戈斯正准备参加 2001 年在上海举行的 APEC 峰会。

2002 年，中国政府提议与智利政府进行贸易谈判，希望能够签署贸易协定。2004 年在圣地亚哥举行 APEC 领导人峰会时，胡锦涛主席宣布，智利正式承认中国的市场经济地位。与此同时，另一则公告是：智利和中国正在开启双方之间自由贸易协定的谈判。智利国际经济关系部部长奥斯瓦尔多·罗萨莱斯此前曾参与谈判过程，他对此进行了说明：首先是货物贸易协定，而后是服务贸易和投资问题。经过五轮谈判后，谈判最终于 2005 年 10 月结束，自贸协定于 2006 年 10 月 1 日生效。中国为什么会与智利促成该协定？罗萨莱斯说："当我们处于谈判阶段时，中国当局一再告诉我们，他们寻求协议的达成是基于一种学习的机制。他们说，他们对自由贸易协定的谈判了解甚少，而我们有更多的经验。"

从那时起，中国逐步增加了在智利市场的相对参与度，直到 2010 年成为智利的第一大贸易伙伴，并一直保持至今。具体来说，自由贸易协定分为三个阶段：2005 年 11 月，在韩国举行的 APEC 领导人非正式会议期间，签署关于货物的《中智自贸协定》；2008 年 4 月，签署《关于服务贸易的补充协定》；2012 年 9 月，在俄罗斯举行的 APEC 峰会期间，达成关于投资的补充协定；2006 年至 2019 年，超过 7000 种智利商品通过免税方式进入中国市场，占智利对华出口的 97.2%。

如果随着经济联系的增加而注意到政治背景，那么从自由贸易协定的生效中可以看到两国之间的某些相似性。每个国家都在由国家、市场和社会构成的三角形框架中寻求正平衡。曾有报道称，胡锦涛主席和他的政府提出的建立"社会主义和谐社会"的目标与智利政府（不论是里卡多·拉戈斯总统，还是米歇尔·巴切莱特总统）所倡导的"社会凝聚力"论点是一致的。从本质上讲，这些分析上的巧合指出了当代治理的基础：强大、有序和行动力强的国家，具有创新和增长能力的市场，以及一个机会与保护措施都很明确的社会。

巴切莱特总统是第一个在中共中央党校发表讲话的拉丁美洲国家领导人，紧接着是塞巴斯蒂安·皮涅拉总统。巴切莱特是首位担任智利总统的女性，皮涅拉是在恢复民主之后上台的首位右翼领导人。双方都以这种姿态表明，对智利来说，与中国的关系不仅是商业往来，还包括面对当代社会挑战共同分析和寻求答案。

巴切莱特总统指出："尽管两国之间存在分歧，但中国和智利面临着类似的挑战，例如继续保持经济增长，但同时又要确保每个居民的生活质量。"她谈到了社会凝聚力，特别是妇女在社会变革中的融合，这引起了当时参加活动的妇女代表的热烈响应。皮涅拉总统提出了发展问题和未来面临的新挑战，但也将人权问题作为智中关系的关注点之一，认为两国都同意在联合国框架内，不论是在日内瓦还是在纽约，就此事保持永久性对话。此外，他强调需要在全球变暖、国际金融体系改革以及亚太经合组织成员国间自由贸易协定取得进展等问题上开展合作。

这两次表态的内容在两位总统第二任期时得以重申。与此同时，智利在世界天文学发展中的作用使智利与中国在这一领域达成合作协议。

在此框架下，值得一提的是，智利方面对于 2008 年中国发布《中国对拉丁美洲和加勒比政策文件》白皮书的态度。该白皮书的文本包含四个部分：政治、经济、社会文化以及和平与安全。其内容与共同工作的具体策略有关，引起了智利政府、学术和商业领域的特别关注。在2009 年新加坡 APEC 峰会期间，巴切莱特总统在双边会见时向胡锦涛主席转达了智利对此的回应——这是一篇很长的报告，就中国提出的对拉美国家的政策逐章作出回应。

在进行详细分析的同时，报告还指出了类似的政治观点："现代化和生活质量的提高带来了人民的新期盼和新要求。从这个意义上讲，智利和中国之间的永久对话被称为是知识和经验的相互交流的源泉。智利和中国可以证明在 21 世纪，距离不再是最主要的障碍，最重要的是对共同利益和共同愿景的期盼。"拉美地区没有其他国家给出类似的回应。

皮涅拉总统在 2010 年 5 月举行的上海世博会上为智利馆揭幕。他在拉莫内达宫门前的现场直播演讲，背后特别像是一道通往世界另一侧的洞口，走向地球的另一端。自 2008 年底以来，企业家埃尔南·萨默维尔在政府和各种私营公司提供的资源的帮助下，很好地进行了团队协作，严格应对这一挑战。智利在展示其产品，特别是葡萄酒和水果的同时，还提出了有关"友好关系城市"的八个中心点计划。最终，智利馆获得了主题演绎类金奖，从而赢得了该地区同级别馆的冠军。这是对中国引导加快城市发展进程的愿景和概念的支持：2018 年，在世界上人口最多的 100 个城市中，有 22 个在中国。

2010 年至 2020 年这十年，中国与拉丁美洲之间的互动政策非常活跃。中国高层前所未有地进行了一系列访问，智利在其中发挥着非常重要的作用。拉加经委会所在地是圣地亚哥，这也进一步说明了这一点。2011 年 6 月，时任中国国家副主席习近平访问智利，对中国与智利以及该地区其他国家之间的未来议程充满希望。一年后，中国国务院总理温家宝也访问了智利，促成一系列新的协议，而这一切都推动了建立中智战略伙伴关系的决定。2014 年，巴切莱特总统去了巴西。此时，习近平主席提出构建中国 - 拉美和加勒比国家"1+3+6"合作新框架，该提议在北京举行的第一届中国 - 拉美和加勒比国家共同体论坛上获得批准："1"是针对该地区的一个规划；"3"是以贸易、投资、金融合作为动力的三大引擎；"6"是以能源资源、基础设施建设、农业、制造业、科技创新、信息技术为合作重点的六大领域。与会者一致决定，第二届中国 - 拉美和加勒比国家共同体论坛于 2018 年 1 月在圣地亚哥举行。

2015 年 5 月，李克强总理特别重申了中国在拉加地区，特别是在智利的新计划，明确了在各个领域的投资政策。习近平主席于 2016 年 11 月进行的国事访问是重大事件。当时，他与巴切莱特总统一起，升级与智利的双边关系，使两国关系提升为全面战略伙伴关系，这是中国外交政策中意义深远的一个名词。在与皮涅拉总统于 2018 年 APEC 框架内进行对话以及智利总统对中国的国事访问之后，习近平主席准备于 2019 年 11 月参加 APEC 峰会时再次访问智利。可由于智利的社会抗议活动，APEC 峰会取消。在新冠肺炎疫情背景下，2020 年 2 月智利总统和中国国家主席的电话交流尤为重要，被认为是更加紧密的合作，习近平主席对此公开表示感谢。

2020 年，智利与中国的关系受到了来自美国的压力。美国国务卿迈克尔·蓬佩奥曾公开讲话："问题是，当中国在拉丁美洲这样的地方开展业务时，它经常向经济血液中注入腐蚀性资本，使腐败滋生并破坏了良治。"而且，在皮涅拉总统出访北京前夕，美国政府取消了华为公司及其在智利未来项目中的资格。这些言论在智利社会各界遭到强烈反对。智利总统与人工智能和关键数字网络部门举行了会面，讨论了智利的未来。他承认，智利今后将在主导 21 世纪的美国和中国这两个大国之间实现微妙的平衡，但他强调，应始终优先考虑智利的利益。换句话说,智利将在未来的国际形势下享有"多成员"权,而拒绝像20世纪"冷战"那样的两极分化。

铜和其他矿业产品继续在智利对中国的出口中占主导地位,农业工业化的产品也越来越多地进入中国的市场。原因有很多:一方面是技术能力和及时市场准入的能力,另一方面是随着时间的推移而形成的品牌效应。智利葡萄酒具有很长的历史。此外,车厘子的品质也很突出:智利在2017—2018年度出口额为10.6亿美元。新冠肺炎疫情危机使出口额和价格都有所下降,但是所有农业企业指出这是暂时的:智利农产品已经赢得了信任,未来必须继续努力。

智中关系未来的稳固与发展取决于信任与亲近。

信心因素对于智利和中国今后在各个层面的关系至关重要,特别是在2020年世界经济遭受冲击之后。距离的概念已大大减少,未来,数字互联将进一步发展。实际上,2018年1月在圣地亚哥举行的第二届中国-拉美和加勒比国家共同体论坛之后,智利很清楚地看到了中国提出的"一带一路"倡议不仅体现在三个领域(陆地、海上、空中),还特别注重数字路线的未来。气候变化和可持续发展目标,由互联网和数字应用带来的社会变化,是智利和中国可以分享经验以增进双边关系的因素,同时也影响着21世纪世界的未来。两国的政治制度不同,但是要回答的主要问题非常相似。

正是在这种情况下,文化才具有其重要意义。1952年,在拉丁美洲国家没有中国的代表,但是在时任参议员萨尔瓦多·阿连德和其他名人,如巴勃罗·聂鲁达和何塞·万徒勒里访问中国后,智利决定成立智利-中国文化协会。该协会是智利与新中国之间知识分子和政治人物会面的唯一渠道。直到今天,该协会都在承担着不同的任务。当时确立的这个机构名称可以当作新时代发展的框架:智中两国人民可以一起做些什么来共同促进双方文化在全世界的传播?其中,在音乐领域已经取得了进步，比如，中国西南大学音乐人组团访智，他们在智利的维奥莱塔·帕拉博物馆和其他地方举办了用中国乐器演奏智利流行歌曲的活动。在该博物馆内，当中国一位音乐人用中文唱响了智利歌曲《热爱生活》时，那是最激动人心的时刻。

面对新冠肺炎疫情，中智两国相互支持，在诸多方面展开合作。其中尤为重要的是与疫情相关的内容：中国的医生和专家与智利的医生和卫生人员进行实时对话，交流经验，这表明了新的交流可能性。时差并不构成障碍，语言也不是障碍。数字网络将使中国和智利之间的联系越来越紧密，它已经开辟了一种共同思考的方式。但这并没那么简单，我们会看到苏格拉底的文化继承人将如何与孔子的继承者相互理解。很明显，在未来的外交关系中，智利和中国在谈论共同发展目标时肯定会将距离的概念抛诸脑后。

合作篇

我与中国投资

朱文婕（智利经济部外国投资促进局中国事务负责人）

2013 年 4 月，从智利大学国际研究专业硕士毕业后，我有幸进入智利经济部外国投资促进局工作，职位是中国招商引资事务负责人。

一开始我没有太多概念，只知道智利政府对中国比较重视，希望找个中国人直接用汉语接待中国公司，协助他们在智利投资。因此，我成为智利政府机构中唯一一位专门负责面向中国市场招商引资的中国人，而其他同事都是负责某一个行业，面对的是全球各地的外国公司。这种工作的特殊性让我感到很自豪。随着工作中的接触与对外联系，越来越多的中国企业获知我在智利政府招商引资部门工作，他们都感到非常高兴，一是因为他们缺乏西班牙语人才，二是可跟我就智利有关法律和项目直接进行沟通与咨询。

中智建交后，两国政府积极推进两国友好及经贸关系的深入发展。进入 21 世纪后，中智经贸与合作关系日益提升。中国已连续数年成为智利在全球的第一大贸易伙伴、第一大出口目的地国、第一大进口来源国；智利也成为中国在拉美的第三大贸易伙伴。中国是智利铜的最大买主，智利铜出口的 40% 是销往中国。近年来，智利农产品对华出口大幅增长，三文鱼、车厘子、葡萄酒等优质产品已进入中国普通家庭。智利已成为中国第一大三文鱼进口来源国、第二大鲜果进口来源国和第三大葡萄酒进口来源国。智利还是中国汽车出口的重要市场。两国金融合作也进展迅速，早在 2006 年智利银行就在北京设立了代表处，数年后开设分行；2016 年、2018 年，中国建设银行和中国银行先后在智利设立分行。

回顾中国在智利的投资情况，记得 2013 年我刚进入外国投资促进局的时候，中国已经是智利的第一大贸易伙伴，然而当时中国在智利的投资还非常少，投资存量占智利接收的外国投资总额不到 1%。在智利投资较多的国家主要有美国、西班牙、加拿大、荷兰、意大利、英国等。就亚洲国家而言，日本、韩国在智利的投资额也远高于中国。我清楚地记得，那时我们向外国公司介绍智利接收外国投资统计图表时，经常有人会问怎么图表上没有中国。我们会无奈地解释说中国的投资太少了，只能忽略不计。这确实让人觉得不可思议。正因为如此，智利政府才开始积极推进中国战略，希望在中智贸易迅速增长的同时，中国在智利的投资也能迈上新台阶。

慢慢地，我开始觉得自己的工作越来越有意思，而且非常有意义，因此也努力把工作做好，获得了更多领导和同事的认可。记得有一次，由上海市政府部门和商会的领导及企业高管组成的中国代表团来智利考察访问，队伍近 50 人。智利工业联合会（SOFOFA）为接待该代表团特意举办了经贸论坛，加上受邀的智利政府官员和当地企业，共 100 多人参加了该活动。我们作为外国投资促进局工作人员，也被邀请作为演讲嘉宾给中国代表团介绍智利的商业环境和投资机会。最终，领导让我作为外国投资促进局代表直接用汉语向他们做介绍。这是我第一次在大场合下作为智利政府官员向中国代表团介绍智利的商机，对我来说是一个很特别的机会，同时也是一个挑战。一方面，我代表的是智利政府；另一方面，我面对的是智利和中国的政府官员和企业高管。为此，我做了精心的准备和多次模拟练习，最终圆满完成了任务。演讲完成后，台下的中智两国企业主管纷纷向我提问、跟我互动，我分别用汉语和西班牙语作了回答。印象特别深刻的是，活动结束后，我的身边围了一大堆人，他们给我递名片，向我介绍他们公司的情况，希望能够建立联系。毫不夸张地说，我当时感觉自己就像明星一样受人追捧。此后，我便开始经常作为智利政府的代表参加各类经贸活动并发表演讲，成了当地小有名气的"中国投资专家"。

回到外国投资的话题上，智利人总会问我，为什么中国对智利的贸易这么多，而投资却这么少？我总结了几点：一是中国公司更适应由政府牵头和有政府政策支持或担保的项目，而在智利这么一个自由程度相当高的市场，政府的干预很少，投资项目几乎都是私有的，需要参与公开的政府招标或者和私人公司直接谈判。中国公司对于这种模式可能不太适应和熟悉。在拉美其他的一些国家，如阿根廷、委内瑞拉、厄瓜多尔等政府项目较多的国家，中国投资也相对较多。二是某些行业的投资模式对于中国公司来说是比较陌生的。比如基建行业，智利这边大部分都是特许经营的模式，即外国公司一旦参与竞标、投资建设某个项目，就需要运营 20 年甚至 30 年。而中国公司的优势是项目总承包这种模式，对于长期运营相对缺乏经验。此外，智利的法律比较严谨，重大项目的许可如环评等需要花较长的时间。对于中国公司来说，了解当地的法律，如环境法、劳工法、社区调解等是非常有必要的，也是很费功夫的。最后，很多中国公司对智利还没有深入的了解。大家都知道智利的铜矿、葡萄酒、车厘子这些特产，但是可能还缺乏对智利具体行业和投资机会的深入了解。这也正是我们机构要重点做工作的地方。

为了吸引更多中国投资，我们做了一系列的工作。首先是发布中文资料，包括智利的商业环境和各行业投资机会的信息，以及智利的外国投资政策、税收政策、劳工政策、签证政策等法律问题的信息等，并专门做了中文网站。此外，还为中国公司提供一站式服务，帮助他们同智利各相关机构建立联系。其次，每年都在中国举办各类投资论坛。近几年，由智利外交部牵头、各大部委联合在中国举办的"智利周"活动影响很

朱文婕向中国山东省德州市代表团介绍智利的商业环境和投资机会。

大。智利外国投资促进局也参与其中，并且举办了多个行业类招商引资论坛，如能源、基建、交通、食品等。另外，外国投资促进局每年都会举办一场高级别智利国际投资论坛，邀请智利总统或者经济部长作开幕演讲，并请世界各国有兴趣在智利投资的公司参加。近年来，中国公司踊跃参与，充分说明了中国公司对投资智利越来越感兴趣。结合政府的重大投资项目，如锂招标、能源项目招标、跨太平洋海底光缆项目等，调研和寻找可能对这些项目感兴趣的目标公司，主动联系并邀请他们参加招标。此外，我们还和相关对口机构建立了联系和合作机制，如智利驻华大使馆经商处和中国国家发展改革委、商务部、贸促会、投资促进会，以及中国海外产业发展协会等，共同帮助中国公司在智利投资。

中国三峡集团代表访智，朱文婕负责接待工作。

前不久，我局帮助智利电信部推动跨太平洋海底光缆项目。该项目将是第一条直接连接拉丁美洲和亚洲及大洋洲的光缆，具有重要的战略意义。目前，该项目的可行性研究已经接近完成，也有了一个初步的方案和金融模式。智利政府将会对此项目进行部分投资。为此，我们需要去联系亚洲可能对此项目融资或投资感兴趣的公司，当然中国公司是非常重要的一部分。这些目标公司都是世界闻名的银行或电商，如阿里巴巴、腾讯、百度、亚洲基础设施投资银行、金砖国家新开发银行、中国工商银行等。能联系上他们就是一个很大的挑战，还要争取和他们建立亲近和可信赖的关系，并持续跟进，促成项目会议的举行。最终，我成功联系了十多家目标公司，推动了该项目的融资进程。

经过多年的努力，智利在中国的知名度有所提升，越来越多的中国公司开始放眼拉丁美洲，放眼智利。中国在智利的投资明显增长，并且潜力巨大。首先，投资规模更大。比如天齐锂业收购智利矿业化工集团（SQM）24%的股份，投资额达40多亿美元，在智利历史上也是为数不多的重大交易之一；中国国家电网2020年收购了智利切昆塔（Chilquinta）集团公司能源项目，投资额23亿美元。其次，投资的形式也更多。除了收购并购，中国公司还进入到智利的基础设施建设特许经营市场，如中国港湾中标了当地的拉斯帕尔马斯（Las Palmas）水坝特许经营项目。还有其他的基建行业公司也在密切追踪智利的特许经营招标项目，我希望在不久的将来听到更多的中国公司中标的好消息。此外，投资的行业已从传统的矿业、能源、基建，扩展到了高科技和食品行业，如2019年华为宣布在智利建立数据中心并发布云服务，投资额1亿美元；联想佳沃收购了智利一家三文鱼厂，投资额超过9亿美元。近年来，中国企业如中粮集团、张裕、洋河等收购了智利的酒庄，纷纷参与当地酒庄的生产，使智利的葡萄酒打开了更多的中国市场，占有率逐年增高。还有滴滴、摩拜（后被美团收购）这样的高科技公司也来到

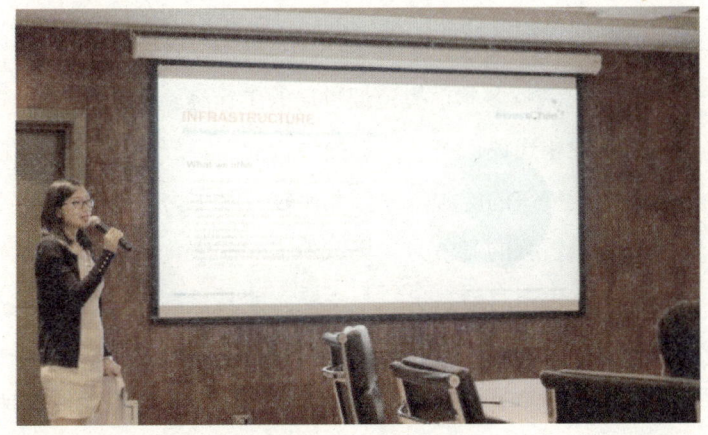

朱文婕工作照。

了智利。这些都是近几年中国在智利投资的成功案例。

总的来说，我认为智利是个开放包容的国家，政局基本稳定，政策也有一定的连续性——不因政权更迭而朝令夕改，法律法规比较健全。20世纪90年代以来，由于奉行自由开放的经济政策，以及比较稳定宽松的政治社会环境，智利经济平稳快速增长。在吸纳外资的同时，智利企业也向外寻找商机。

智利对于外国投资的政策是本土化，即外国公司和本土公司享有完全相同的权利和义务，对外国公司没有任何歧视，同时也没有任何高于本土公司的优惠条件。此外，外国资金流入和流出智利是完全自由的，政府不设任何限制。

关于投资鼓励政策，智利政府通过实施特别法规和给予特殊行业或特殊项目一定的优惠，支持他们的生产活动、创业和创新。比如，对于在智利偏远地区的投资，如在最北端的阿里卡和帕里纳科塔大区、塔拉帕卡大区以及最南端的艾森大区、麦哲伦大区的投资，有减免税收、提供员工补贴和投资补贴等优惠政策。对于从事研发活动的公司，政府也给予一定的税收优惠。此外，位于阿里卡和帕里纳科塔大区、塔拉帕卡大区和麦哲伦大区的自贸区也有一系列优惠政策，包括进口商品免缴关税，向其他免税区域和国外销售的商品免征增值税、免缴所得税等。

最后，根据多年在投资促进局的工作经验，我想跟中国企业分享以下几点心得和建议：第一，就投资行业而言，我认为智利在食品、高科技行业以及传统的能源基建行业比较有吸引力。智利的农产品和深加工产品都有着较强的竞争力，契合中国对健康食品的需求。当贸易发展到一定阶段，投资必然是另一个选择，尤其是高科技行业，智利政府对于招商引资非常重视。智利为引进高科技人才设立了特殊绿色通道，对高科技行业实施了一系列鼓励措施，包括服务出口免关税、对聘用高科技人才给予政府补贴和培训等，这使智利在拉美地区成为引领高科技发展潮流的国家。就能源基建行业来看，智利拥有独一无二的自然条件，适合发展清洁能源。如北部阿塔卡马沙漠拥有全球最强的太阳辐射，全国多个区域拥有发展风电的绝佳条件。第二，建议中国企业多融入当地社会，包括多跟当地政府部门、商协会以及合作伙伴交流沟通，多了解当地的投资和运营模式，多聘用本土员工，而不是总按照中国人的传统思维模式办事，毕竟两国国情不一样，市场运作模式也有很大区别。第三，建议多了解当地的法律并严格遵守。智利法律体系严谨，外国企业最好能找当地正规专业的律师事务所和会计师事务所协助，以避免造成不必要的麻烦。第四，来智利投资格局要大、眼光要长远。业务不仅要定位于智利国内，更应把智利作为中心和切入点，辐射整个拉丁美洲地区。智利是一个高度开放的经济体，通过自由贸易协定与全球多国相连。因此，中国企业可以利用智利和各国之间的自由贸易协定，享受零关税等有利条件，发展整个拉美区域业务。

虽然全球经济面临着严峻的挑战，但中国和智利的友好关系和投资合作已经越来越成熟，两国合作有着坚实的基础。中智共建"一带一路"互有需求，互为机遇，大有可为。

伊基克"一带一路"国际论坛

陈平（中国驻伊基克总领事）

　　2019 年 7 月 25 日，徐徐海风拂走了冬日里笼罩在智利北部重要海滨城市伊基克上空的浓浓海雾，久违的阳光、沁目的蓝天让人倍感心旷神怡。在智利民间歌舞和中国传统舞狮表演呈现的文明交融和文化交流的祥和气氛中，由伊基克市政府主办、中国驻伊基克总领事馆协办的"2019'一带一路'——伊基克和南美的机遇及挑战"国际论坛拉开帷幕。智利副外长罗德里戈·亚涅斯和玻利维亚副外长阿尔门德拉斯女士，智利多名全国参众议员，来自智利、巴西、玻利维亚、阿根廷、秘鲁、巴拉圭六个南美国家的地方政府要员及企业界、学术界人士，秘鲁和巴拉圭驻伊基克总领事，中共河南省委常委、组织部部长孔昌生率领的河南省政府代表团以及中国郑州市、扬州市、南通市、淮安市、河南交通投资集团等市政府及企业代表团，中国贸促会、中国建设银行、中铁国际、上海汽车、中国港湾、中国电投等十多家中资机构和企业驻智利代表，伊基克华商代表等共约 300 人应邀齐聚盛会。

　　作为中国驻伊基克总领事，我有幸全程参与了论坛的策划、筹办及协调中方代表团与会等工作，参加了会议的全过程。值得一提的是，为了让智利工商企业界人士更好地了解"一带一路"倡议及国际合作共建情况，熟知"一带一路"倡议和中拉经贸合作事务的智利亚太商会执行副主席埃切维利亚先生特意把这场国际论坛的会场与智利作为 APEC 轮值主席国举办的一场亚太经贸合作研讨会的会场搬到了伊基克同一酒

"2019 '一带一路'——伊基克和南美的机遇及挑战"国际论坛部分与会代表合影留念。

"2019 '一带一路'——伊基克和南美的机遇及挑战"国际论坛会场。

店，与会人员上午参加研讨会，下午接着参加"一带一路"国际论坛。研讨会与论坛的对接产生了相得益彰的效果。

据伊基克市政府的一位朋友讲，这是伊基克市迄今举办的规模最大、效果最好、影响最广的国际会议，"一带一路"成为智利北部和南美中西部地区 2019 年下半年的一个热词。两个半天的论坛活动给我最深的感触是，习近平主席于 2013 年提出的"一带一路"倡议在离中国最遥远的南美中西部地区受到了社会各界的热烈拥抱。

深入的交流

负责国际经济关系的智利副外长亚涅斯在开幕式上致辞时表示：我要特别积极地评价智中建交近半个世纪以来友好关系的发展。中国多年来已是智利第一大贸易伙伴，智利是拉美第一个与中国签署并升级自由贸易协定的国家。"一带一路"倡议对于智利而言，就是要在多个领域与亚洲开展对接，建立和拓展经济增长、发展、改善民生等方面的合作空间，它对于智利的小微企业、创业者和经济增长、就业都是重要机遇。智利政府 2017 年 5 月正式参与"一带一路"建设。2019 年 4 月，皮涅拉总统成为拉美地区唯一出席第二届"一带一路"国际合作高峰论坛的国家元首。他明确表示，智利愿成为中国企业进入拉美的大门和中国科技、电信企业登陆拉美的平台。参与"一带一路"建设，不仅是中央政府的事情，也是全社会的承诺，这次"一带一路"国际论坛是对智利行动的一个重要支持。

玻利维亚副外长阿尔门德拉斯强调，"一带一路"倡议有利于凸显本地区的能见度，有利于加强本地区之间及本地区与域外大国的对话与合作，有利于实现我们梦寐以求的一体化进程。玻利维亚积极参与共建"一带一路"进程，这是开拓和平之路、繁荣之路、创新之路和惠民之路的途径，是构建人类命运共同体的实践平台。在实现可持续发展的进程中，希望这一旨在实现一体化与发挥凝聚和联通作用的倡议不落下任何人。

智利副外长亚涅斯在论坛开幕式上致辞。

　　论坛的倡议者和东道主毛里西奥·索里亚市长介绍了南美中西部地区"两洋通道"建设的历史和现状。他指出，推动南美地区一体化进程、打通连接大西洋和太平洋的"两洋通道"是其父亲豪尔赫·索里亚老市长等政要60年来一直孜孜不倦追求的目标。"两洋通道"和"一带一路"的理念高度契合，就是要打破发展瓶颈，实现共同发展。由智利和阿根廷北部、秘鲁、玻利维亚、巴拉圭以及巴西南部构成的南美中西部地区是世界重要农牧业产区、铜铁锂矿区，还有其他丰富的自然资源，但发展水平相对落后。"中国的发展水平超乎我们的想象，开展'一带一路'合作可以解决我们面临的许多问题和发展需求，拓展整个地区与太平洋之间的联通，能够实现互利共赢的发展。"

　　专程与会的中共河南省委常委、组织部部长孔昌生发表了《共建共享、互联互通，推动河南与拉美合作在"一带一路"倡议下取得新成果》的主旨演讲。他介绍了河南深度融入"一带一路"建设的具体实践，分享交流了河南与拉美合作面临的新机遇。河南依托"一带一路"，通过

中国驻伊基克总领事陈平在论坛上致辞。

建设和经营高水平的国际物流，通过协同开拓陆、海、空、网丝绸之路，使这个历史悠久、文化丰富的内陆省份高效联通了整个世界；通过采用跨境电子商务等新手段开展国际经贸合作，使该省发生了翻天覆地的变化。孔部长的精彩介绍和会上播放的河南省宣传片，让与会南美政商界人士看到了内陆地区发展的新途径和新希望。

我在论坛开幕式和闭幕式上分别发表《了解"一带一路"倡议，对接合作发展机遇》和《共建"一带一路"，促进共同发展》的演讲，介绍"一带一路"倡议的渊源与合作理念、实践和丰硕成果以及挑战和应对之策，指出习近平主席提出的"一带一路"倡议已经成为全球范围内最为广泛接受的合作理念、最受欢迎的国际公共产品和最多参与的国际合作项目。2018年1月，中拉双方共同决定将"一带一路"向拉美延伸，许多合作如今已初见成效，但还存在对这一倡议不太了解的情况，伊基克市举办这个国际论坛恰逢其时，十分必要。中拉开展"一带一路"合作具备多种有利条件：一是中国政府高度重视中拉关系，二是中拉利益融合更加紧密，三是"一带一路"合作契合地区发展需要，四是中国全面深化改革、持续扩大开放、实现优质发展将为"一带一路"合作提供不竭动力。"让我们携手共建新时代联通亚洲和南美的新的多维丝绸之路，使我们的合作产生更多成果，经济得到更好的增长，人民拥有更好的生活，社会获得更大的进步。"

热络的互动

在紧张的会议期间，索里亚市长通过共进早餐、茶歇交流、抽空会晤等方式同与会中方代表、团组一一进行互动交流。他衷心感谢各代表团不远万里来伊基克参会，希望今后加强两国城市间友好交流与合作。索里亚市长同南通市代表团团长、南通市政协副主席顾诺之签署了《伊基克和南通市建立友好城市关系的备忘录》，表示愿共同促进两市间友好关系与经贸往来，积极发展两市在科技、文化、体育、卫生、教育等领域的紧密联系与合作。索里亚市长还与郑州市代表团团长共同表达了结好的愿望。

塔拉帕卡大区主席格萨达会见了河南省委常委、组织部部长孔昌生，双方共同回顾了两个省区之间的友好交流，并探讨了未来的合作领域。

在豪尔赫·索里亚参议员和索里亚市长的强烈推荐和亲自陪同下，孔昌生部长及多个南美国家地方政府代表团一同参观了伊基克码头。东道主向各国代表介绍了把伊基克建设成为南美与中国之间的物流中心的设想，希望中方企业积极参与伊基克码头的扩建工程，使伊基克成为亚太和南美国家之间功能更强的海运枢纽。伊基克拥有继巴拿马科隆之后拉美第二大自由贸易区，早就是亚洲，特别是中国和南美国家之间的贸易桥梁。这里有 400 家中国商人开办的贸易公司。2019 年，伊基克自

论坛期间参观码头合影。

贸区进口的 39.65 亿美元商品中，43% 来自中国。这些商品从这里转口到智利、玻利维亚、巴拉圭、秘鲁、乌拉圭、阿根廷等国。伊基克港对此功不可没。

潜在的合作

　　来自南美中西部一体化区的代表，既是论坛活动的热情参与者，更是"一带一路"倡议与南美"两洋通道"理念对接的呼吁者和期盼者。

　　由阿根廷、玻利维亚、巴西、智利、秘鲁五国毗邻地区和巴拉圭、乌拉圭全境组成的南美中西部一体化区是南美次地区一体化组织，区域面积约 500 万平方公里，人口 7000 多万，共包括 84 个省、州、大区或市，大部分属于南回归线附近的内陆地区，其中只有 8 个区有太平洋出海口。虽然该区域大多属于本国的边远地区，但由于自然禀赋好，共同构成了物产极为丰富的世界级粮仓、肉库、林场、矿区。此外，还有丰富的太阳能、风能、水能、天然气、淡水等资源，地区生产总值占一些国家经济总量的四成以上。该区域发展面临的最大问题就是基础设施不足，交通运输不便。如果巴西、巴拉圭、阿根廷等国的大量农牧产品通过太平洋港口运往亚太市场，不仅可以节省约 10 天的运输时间，而且能节省近 50% 的海运成本，这里的粮食和畜牧等产品的产能还能增加好几倍。因此，如果能在"一带一路"框架下开展基础设施、农牧业、矿业、贸易等领域的合作，将有利于南美洲诸国之间以公路、铁路、航空、光缆为主要形式的"两洋通道"建设，促进大西洋与太平洋之间的互联互通。这是南美地区有关国家长期以来的发展夙愿，它的实现将大大提升亚洲与南美之间的互联互通，促进共同发展。

智利最年长的参议员豪尔赫·索里亚半个世纪以来一直致力于推动南美一体化建设。他认为，南美地区大量粮食和肉类商品进入亚太市场具有重要意义，"一带一路"是帮助南美国家解决出口运输瓶颈的根本途径。虽然该地区已经开辟了多条"两洋通道"，但只有与中国合作，拓宽旧路、建设新路、扩建港口、改善物流，才能推动双边战略合作更上一层楼。这对中国来说也非常重要，它有利于双方优势互补，进一步拓展南美与中国之间的经贸关系，促进共同发展。论坛闭幕后的午餐刚结束，他就迫不及待地把巴西、阿根廷、玻利维亚等国的与会代表召集在一起，讨论如何开展后续行动，推动南美中西部地区与中方的务实合作。

背后的故事

这次论坛是由毛里西奥·索里亚市长倡议召开的，但与其父亲、曾前后担任伊基克市长 30 年之久的豪尔赫·索里亚有着密不可分的关系。

2016 年 3 月，我到任不久便礼节性拜会了时任伊基克市长、已年届 80 高龄的豪尔赫·索里亚。在伊基克，人们都亲切而尊敬地称他为"堂豪尔赫"。1964 年，他就开始担任伊基克市长。后来，他在皮诺切特独裁统治期间坐过牢，市长职务被剥夺，并被关进集中营。1992 年恢复选举后，他再次当选伊基克市长，并多次连任。据他夫人讲，他本可以成为一个很有成就的企业家，但由于热心政治、酷爱伊基克，他一直把从政的范围锁定在伊基克市政府。他关心伊基克的城市发展，把市内卡万查海滩建设成为著名的旅游景点，成为伊基克市的一张靓丽名片。他关心民生，为老百姓做了许多实事，深受广大市民敬重。

首次见面时，我问是否听说过"一带一路"倡议，他摇头，我便作了简要介绍。没想到这个话题打开了他的话匣子。20 世纪 70 年代，他第二次担任伊基克市长时，曾应邀去美国迈阿密参加国际市长会议。会议举办方安排大家到东西部参观访问，并介绍说，美国的发展秘诀就是通过联通中西部而实现的。这让堂豪尔赫深受启发，从那以后，他就致力于推动南美中西部地区的一体化进程，推动南美国家间的"两洋通道"建设，让南美内陆国家和地区生产的大量农牧产品通过太平洋运往亚太地区。这样，全球最大粮食产区与最大消费市场的距离就近了，吃饭成本就低了。他为此经常奔波于南美周边国家的城市，"推销"自己的想法，赢得了不少"粉丝"。

谈到"一带一路"与南美对接，堂豪尔赫习惯性地拿出南美地图和伊基克港平面图，向我详细介绍"两洋通道"的现状和他对伊基克港的发展设想。他还对中国铁路、公路、隧桥、码头建设赞不绝口，特别希望中国能够帮助他实现"两洋通道"的梦想。由于南美中西部地区都是有关国家的边远地区，次区域一体化进程进展甚为缓慢，堂豪尔赫认识到，仅以一市之长的身份推动这么一个庞大的区域发展计划有点力不从

伊基克市长毛里西奥·索里亚。

心。因此，2017年，他辞去市长职务，竞选全国参议员，到智利国家最高立法机构去实现一辈子追求的梦想。最终，他以最高得票成功当选。在他手下担任第一市政委员的儿子毛里西奥，则成功当选伊基克市长。

子承父业，毛里西奥·索里亚不仅把自己的新思想贯彻到市政建设和管理中去，还继承了父亲推动的南美一体化事业。应该说，推动地区一体化并非市长的本职，但也并非越权管外事。索里亚父子这么做，是由伊基克作为南美最大自由贸易区所在地所决定的。伊基克因自贸区而兴，1975年自贸区成立时，城市人口仅7.5万左右，现在已经增加到22万。索里亚父子对巩固自贸区的立市之本及经济支柱作用看法完全一致，他们强调，伊基克自贸区转口贸易主要面向智利及周边南美国家，今后要把自贸区做强做大，就必须进一步拓宽南美大陆东西向的各条通道，扩建伊基克港，使之成为南美与亚洲之间的物流中心。他们认为，中国的"一带一路"倡议就像久旱沙漠里的甘霖，因而从我首次做相关介绍起，他们就特别感兴趣。

2019 年 4 月，我推荐毛里西奥·索里亚去北京参加第二届"一带一路"国际合作高峰论坛。在北京期间，他除了在地区发展分论坛上作主旨发言、用出发前刚学会使用的微信及时发回图文并茂的会议消息供当地媒体发表外，还认真观摩中方办会的细节。回国以后，他把我们原定的会议名称"伊基克'一带一路'研讨会"改成了"伊基克'一带一路'国际论坛"，而且在"旅游合作"专题对话之外，又增加了"基础设施建设"专题对话，让我推荐旅游和金融方面的专家介绍旅游合作和"一带一路"合作项目融资政策等情况，大大提升了论坛的"实用性"。

广泛的影响

2016 年我到任之初拜访领区官员、学者时，他们还对"一带一路"倡议一问三不知；后来有一次我访问安托法加斯塔大区时，被邀请参加时任大区主席与阿根廷胡胡伊省副省长会见的双边活动，并让我介绍"一带一路"倡议；再到 2019 年 7 月伊基克市长发起举办"一带一路"国际论坛，南美中西部地区官员、学者、商人都对"一带一路"倡议怀有浓厚兴趣并积极推动共建合作。这些让我切身感受到，习近平主席提出的"一带一路"倡议已经得到南美国家的高度关注和广泛响应。放眼全球，各国普遍面临边远地区发展滞后的问题，基础设施落后是制约发展的主要瓶颈，而"一带一路"倡议正是帮助各国实现大联通的国际公共产品，自然受到各国热烈欢迎。

智利作为拉美太平洋沿岸的重要国家，向来对加强与中国和亚洲国家跨太平洋经贸合作持积极态度。巴切莱特总统和皮涅拉总统都曾应邀出席中国政府在北京举办的"一带一路"国际合作高峰论坛，并表示智利愿意成为中拉"一带一路"合作和中国企业进入拉美的桥头堡。2018年1月，在智利举办的拉美-加勒比共同体峰会上，中国与加共体成员国政府共同宣布将"一带一路"倡议延伸到拉美和加勒比地区。相信伊基克举办这次国际论坛后，共建"一带一路"理念将更加深入人心。

尽管新冠肺炎疫情给中拉合作带来了一些困难，但它阻止不了双方开展互利共赢合作的坚定脚步。中国政府提出的建设"人类健康共同体"和"健康丝绸之路"的理念，给中拉"一带一路"合作赋予了更多重要内涵和更广的合作空间，必将助推各国以人为本的发展，保护人类健康安全，加深人民友谊。

中国和智利
——生活的热情和职业道路

克劳迪奥·罗哈斯·瑞秋（智利外交部亚太司司长）

2020 年是智利与中国建交 50 周年。这是外交史上的里程碑。对我而言，不论是从个人角度还是专业角度来看，都具有特殊意义。我职业生涯的重要组成部分是作为智利外交部的官员，致力于研究中国的政治、经济和文化。进入智利外交学院学习开启了我的这一热情，因此在学习期间，我专注于亚太地区，尤其是中国的研究，并延续至今。

1983 年 12 月 22 日，我第一次来到位于北京的智利驻华大使馆。这是一个令人着迷的中国古都。1978 年提出的"四个现代化建设"开始仅几年后，中国人民就已经把对自身及其家人生活福祉所怀抱的期望与经济转型和发展紧密联系起来。同时，人们也开始发现要立足于中国千年文化的根本和核心价值观，才能在新现实的基础上进步。

智利与中国关系的发展也开始于文化交流。20 世纪 50 年代初，在一次文化交流的引领下，智利与中国之间建立了牢固的友谊。1952 年，诗人巴勃罗·聂鲁达和画家何塞·万徒勒里创立的智利 - 中国文化协会促进了两国友好关系的深入发展。该机构是在复杂的国际政治局势中、在冷战的政治争端压力下以及中国所处的国际孤立环境中，拉丁美洲国家与中国之间成立的第一个民间友好协会。在接下来的几年中，很多有名的智利大家相继来到中国并建立新的联系，如诗人贡萨洛·罗哈斯和阿曼多·乌里韦（后者是智利的第一位驻华大使）。

正是这一历史性里程碑事件，预示了智利对智中关系的理解以及随后的行动。20 世纪 60 年代初，尽管政治背景不同，智利与中国开始了持续的双边贸易，丰富了两国之间除文化、学术互访之外的交流。在国际层面上，对于联合国来说，智利在多数国家采取的集体行动中处于先锋地位。智利为推动国际社会承认中华人民共和国政府的代表是中国在联合国组织的唯一合法代表以及中华人民共和国是安全理事会五个常任理事国之一，作出了积极贡献。

从长远来看，智利这一举措的历史价值构成其对华外交政策行动的基础。弗雷·蒙塔尔瓦总统政府为建立外交关系而开始进行谈判的决定，随着 1970 年 12 月 15 日在巴黎签署建交公报而得以落实。萨尔瓦多·阿连德总统任期内，积极推进以合作、互利、友好为特征的智中双边关系，为双方不断而有效的长久发展提供了连续性。

我于 1983 年 12 月 22 日这个有意义的日子来到中国，直到 1986 年 1 月，我一直在这里工作，并致力于两国双边关系的持续发展。

在此期间，我负责混合贸易委员会的庆祝活动工作，这是一个促进智利和中国之间经济和商业发展的双边工作机制，其代表团由政府官员和私营部门组成。自 1970 年以来，智利有意扩大并全面发展双方的商业关系。智利外交部部长几次访问北京，教育部部长、高级官员和代表以及智利企业家也在不断发展和扩大与中国文化及商业的联系，包括在此过程中进行的关于在上海开设智利领事馆协议的谈判和决定。

1986 年，我回国后任职外交部双边政策局中国事务处，继续为智中交流作贡献。我加入了"智利 - 中国友好飞行使命"的专业团队，负责组织和执行这一智中之间具有里程碑意义的活动。在这一前所未有的智利空军特殊飞行任务中，由智利外交部副部长率领，圣地亚哥市市长、空军战斗学院学生及与中国有业务往来的著名企业家组成的代表团，以及智利青年足球队和文化体育代表团、智利国家芭蕾舞团、智利知名记者和电视媒体组成的代表团，在中国政府和中国人民对外友好协会的支持下，访问了中国的不同城市。这进一步奠定了智利与中国发展具有建设性、务实性关系的基础。从很早开始，我们一直在寻求以合作与互利原则为基础，增强两国人民之间文化联系和交流的发展道路。

在此，我想分享一个故事。作为有中国生活经验的智利人之一，请允许我倾诉对中国深厚的个人情感。

我的夫人以及大女儿玛格达莱纳的出生对我的生活起了决定性作用。她们陪伴我共同度过了与中国近 40 年发展道路的演变息息相关的那段人生经历。

20 世纪 90 年代中期，我回到中国，以新加坡亚太经合组织秘书处计划主任的身份参加了 APEC 峰会的电信会议和通信与信息小组会议，以及 APEC 旅游小组会议，分别在上海和北京负责工作小组的工作。最后这项工作是在我的家人的陪伴下完成的。回到并走在我们生活和家庭开始的地方真是令人兴奋。看到我的孩子们在北京的公园、古迹等地方游玩，并与中国孩子互动，我感到很有趣。直到今天，这个神奇而有意义的时刻，仍以特殊的方式珍藏在我三个孩子和家人的生活记忆中。

在这样的生活方式下，我迎来职业生涯中另一个重要而具有决定性意义的新旅程——2011 年 3 月至 2014 年 3 月担任智利驻上海总领事。在那里，我女儿玛格达莱纳陪伴着我，她负责领事使团，就如几十年前我是谈判队伍的一员一样。

同样，这是一个绝佳的机会，去观察这个后现代大都市的成长与发展、它迷人的古典建筑、作为国际大都市所拥有的一切，以及在文化和前卫艺术运动方面的多样性和吸引力。中国优质大学的技术与社会各界的创造和创新在这里良性地融合。

我们致力于增强智利在文化领域的影响力，包括西班牙语、智利语言文学以及艺术的传播。因此，我们组织了智利的文化艺术代表团、音乐和民间舞蹈团体在中国演出，还鼓励和支持一位智利画家参加了上海国际艺术博览会。此外，有一位年轻的女塑料艺术家在上海展出了她的作品，并能够通过今后的展览继续在中国发展事业，包括在北京的中国现代美术馆和在中国其他主要城市的展览。

我们与上海的智利人居住社区和企业家合作，推动组织领事行动和工作；与智利出口促进局合作，加强商会的地位；在中国建立智利葡萄园委员会，并支持在上海举行与国际采矿业有关的重要会议。上海具有国际金融中心的特性，我们与该市现有大学群开展了学术和文化交流，包括开办研究和创新中心以及初创企业，并产生相关的行动和倡议，以促进合作和互利。

在上海工作这段时间，既紧张繁忙又令人着迷。两国关系取得成功和持续进展的关键在于得到了本市和领区其他省份的支持。通过持续的努力和共同的行动，我们的关系提升到了更高的水平，也增进了理解。一系列高级别的访问，包括经济部部长、矿业部部长、国防部部长和智利著名企业家和商人的各种代表团的访华活动，以及时任上海市市长韩正对智利的正式访问，都是智中关系发展的见证。

在职业生涯的道路上，好运再次在新的目的地叩响了我的大门——这是一次难得的机会——从 2019 年 1 月 15 日开始，我荣幸地就任智利外交部亚太司司长。

我的主要职责之一是全面发展与中国的双边关系。在这种情况下，我看到，我们都互相希望双边关系能持续不断地发展，并以此来战胜未来我们在双边关系中将面临的挑战，这是非常了不起的。

基于中智两国相互尊重和合作共赢的全面战略伙伴关系，智利希望能够为促进中国与南美次区域及南美其他国家的业务发展和投资搭建起一个国家平台。

自 2018 年 11 月起，智利成为"一带一路"倡议的成员国并签署了"一带一路"框架内的合作谅解备忘录。这是一种政治理解。我们用务实的眼光看待"一带一路"这个发展合作框架，通过与中国合作，提高智利的实力并加强与南美次区域的联通和基础设施建设。

智利是亚洲基础设施投资银行（AIIB）的成员国，该银行的目标是支持亚太地区的基础设施建设。此外，2019 年中国对智利的直接投资与往年相比呈指数级增长。在 2009 年至 2015 年累计外国直接投资中，中国投资仅占 0.26%。在中国举办"智利周"期间，超过 80 家中国公司对投资智利的清洁能源、基础设施和全球服务领域表现出极大兴趣。2019 年，智利的锂、能源（生产、传输和分配）等关键领域以及三文鱼和农用工业行业投资增长明显，其中来自中国的投资达到了 60 亿美元。

今天，我们注意到国际秩序的全球性变化。后疫情时代比以往任何时候都更需要加强世界合作。

今天，中国已成为世界领跑者和全球参与者。目前中国是世界第二大经济体，预计在未来将成为第一大经济体。25 年前，中国 GDP 在全球的占比不到 2.4%，2020 年已达到 17.4%。2018 年，全球前 20 名的科技公司中有 9 家位于中国。

"一带一路"倡议在"丝绸之路"上重现了中国古代的历史性工程，用非凡的基础设施项目连接三大洲的数十个国家，这将产生全球性的影响，并重塑我们在新的国际合作舞台上的相互关系。

中国经济从劳动密集型产业逐渐转变为如今的尖端技术产业——与其他发达国家处于同一水平——包括人工智能在内，这将对 21 世纪的世界发展起决定性作用。北京所达到的技术水平，其国家给予的推动和直接领导，以及中国公司的创新能力，将使中国在 2045 年成为技术强国，从"中国制造"（Made in China）转变为"中国智造"（Made by China）。

放眼未来，我将带着对生活的热爱，沿着中智关系这条专业道路一直走下去。我们将有机会延续有效的合作之路；同时，我们必须应对未来的挑战，清楚认识双边关系的基本本质，即在务实和相互尊重的合作中构建人类命运共同体的共同意愿。

自 1970 年 12 月 15 日那一天开始，甚至可以说，从 20 世纪 50 年代建立文化纽带和民间关系开始，两国关系的这些特点一直伴随着我们。

智中友谊之树日益根深叶茂。我很荣幸能用我的工作和专业来浇灌和培育这棵友谊之树，并在这个过程中，以谦逊的态度一步一步、持续不断地学习和理解非凡的中国千年文化，包括价值观、大同理念、阴阳思想等。因为我知道，只要不停学习，奇迹就会不断发生。

我在"超现实"国家所遇之事

豪尔赫·海涅 （智利前驻华大使）

  智利总统府拉莫内达宫由意大利建筑师华金·托斯卡于 18 世纪建造，其魅力之一就在于它的花园。洛斯纳兰霍斯园是最大、最雄伟的，朝南；洛斯卡农斯园，朝北；朝西的拉斯卡梅利亚斯园则略微偏小。这里也是米歇尔·巴切莱特总统在李克强总理 2015 年 5 月 24 日至 26 日访问智利期间为他举行国宴的地方。此次访问是李克强总理出访拉美四国（巴西、哥伦比亚、秘鲁和智利）的行程之一，由三位部长（中国外交部部长王毅、中国国家发展和改革委员会主任徐绍史、中国商务部部长高虎城）和百余名企业家陪同，目的是促进贸易流动以及中国与南美之间的投资。

  在那次宴会上，我也刚好在由米歇尔·巴切莱特总统主持的餐桌旁，与中国外交部部长王毅坐在一起。我注意到奏国歌的流程有些延误，看到礼宾部负责人格洛丽亚·纳瓦雷特大使来来回回在总统的耳边低语。最终，总统站起来向 200 位来宾宣布："他们告诉我音响设备出了一点问题，国歌的音乐放不出来。因此，我们将清唱一首《亲爱的祖国》。"然后，总统开始高声歌唱智利国歌，现场所有的智利人也加入其中。随后，李克强总理在中国同胞的热情陪伴下，也清唱了中国国歌。当回应总统的祝酒词时，李克强总理说："我想强调的是，现在，除了中智关系中许多头等大事之外，我们还可以再增加一个'第一'。第一次在官方晚宴上，在没有音乐伴奏的情况下，清唱了两国国歌。"第二天在万

豪酒店举办的智利 - 中国企业家委员会会议上，巴切莱特总统向李克强总理表示："总理，我有个好消息。昨晚放不出音乐的计算机不是中国的。"李克强总理听了大笑。

继米歇尔·巴切莱特总统与习近平主席于 2014 年举行的两次会晤之后（7 月在巴西利亚，金砖国家峰会举行之际；11 月在北京，APEC 峰会举行之际），李克强总理访问智利的议程涉及多个议题，其中大多数是有关经济的，这在双边关系中一直非常重要。

此次访问，两国签署了多项协议，作为巩固其战略伙伴关系的一部分。智利外长和经济部长与中国国家发展改革委主任共同主持了第一届合作与协调对话，两国签署了《关于加强产能与投资合作的谅解备忘录》。双方认为有必要升级 2006 年生效的中智自由贸易协定，并纳入诸如电子商务、公共部门采购和金融服务等内容，这一计划之后于 2017 年 11 月落实，双方在河内举行的 APEC 峰会上签署了自由贸易协定 2.0 版。

在双方签署的众多协议中，智利中央银行与中国人民银行之间的合作比较突出。智利中央银行与中国人民银行签署了本币互换协议，商定以各自货币进行兑换，或称"货币掉期"，并在智利建设拉美第一家人民币清算行。智利可以直接用人民币进行交易，而不必承担将智利比索兑换成美元，再由美元兑换成人民币的费用。此外，智利也成为拉美地区第一个获得 500 亿元人民币合格境外机构投资者（RQFII）额度的国家。双方还宣布，中国第二大银行中国建设银行在智利设立分行。中国建设银行具备拉丁美洲所有人民币业务的票据交换所的条件，这非常符合将圣地亚哥发展成为南美金融中心的长远预期。双方还签署了避免双重征税的协议，并举行了基础设施、运输和能源工作组会议。

该议程表明了智利和中国之间双边关系的成熟。

我住在北京的那些年，有机会访问了中国 26 个省份。这是一段独特的经历，当我在一个变化速度就像中国作家宁肯所说的那样似乎是在"摆脱引力"的国家。正是这一点促使宁肯指出"现代中国如此疯狂，她应有自己的文学性"，他称之为超现实主义。

那么，究竟是什么将像智利这样因其偏爱小巧而闻名的"小而遥远、在海洋一角俯瞰大海的国家"与像中国这样的这个时代大国之一的亚洲强国联系起来？我将用以下四个部分的文字讲述我对这段历史的理解。

智利和中国之间的关系是怎样形成的？

智利与中国关系奠定基石是在 1970 年 12 月，当时全球仍处在冷战时期。萨尔瓦多·阿连德政府与中华人民共和国正式建立了外交关系——智利是南美洲第一个，也是拉丁美洲第二个这样做的国家（第一个国家为古巴）。这距离 1972 年 2 月美国总统理查德·尼克松访问北京还有 14 个月，距 1979 年美国吉米·卡特政府与中国建立全面外交关系还有近 10 年。在像中国这样拥有悠久文明和历史的国家中，这不是一件小事。实际上，正如李克强总理在访问圣地亚哥期间的讲话中所强调的那样，是智利在 1952 年首次非正式承认中华人民共和国。当时，在一些著名人物如萨尔瓦多·阿连德和巴勃罗·聂鲁达的倡议下，智中文化协会成立。

一生中多次访问过中国的聂鲁达，在当今中国也如此受欢迎，以致出版商持续出版他的中文译作，印刷量数以万计。智利和中国都认为自己是"诗人之乡"。

文化上的紧密联系在两国关系发展上发挥了开创性的作用，这并不

表1: 1990—2020 年智中高层互访活动

时间	活动
1990 年 5 月	杨尚昆主席访问智利
1992 年 11 月	帕特里西奥·艾尔文总统访问中国
1995 年 11 月	爱德华多·弗雷总统访问中国
1996 年 11 月	李鹏总理访问智利
2001 年 4 月	江泽民主席访问智利
2001 年 11 月	里卡多·拉戈斯总统访问中国
2004 年 11 月	胡锦涛主席访问智利
2008 年 4 月	米歇尔·巴切莱特总统访问中国
2010 年 11 月	塞巴斯蒂安·皮涅拉总统访问中国
2012 年 6 月	温家宝总理访问智利
2014 年 11 月	米歇尔·巴切莱特总统访问中国
2015 年 5 月	李克强总理访问智利
2016 年 11 月	习近平主席访问智利
2017 年 5 月	米歇尔·巴切莱特总统访问中国
2019 年 4 月	塞巴斯蒂安·皮涅拉总统访问中国

资料来源: 作者阐述, 来自官方资料。

是巧合。如表 1 所示, 自 1990 年以来, 中国和智利的国家领导人进行了多次互访, 从而确保了交流的连续性, 促进了多项协议的签订, 并将双方关系提高到目前的密切水平。

在接下来的几十年中, 这种关系蓬勃发展, 智利多次郑重表明对中国更好地融入世界经济的支持。1999 年, 智利成为拉丁美洲第一个对中国提出加入世界贸易组织的申请表示支持的国家。2004 年，智利成为该地区第一个承认中国市场经济地位的国家。在这种情况下，2005 年，中智签署了自由贸易协定，这是中国首次与一个国家签署这一协定（在此之前，2003 年中国与东盟签署了该协定）。

协定的谈判持续了八个月，中间在一件事情上发生分歧。原因是智利谈判代表、当时的智利外交部国际经济关系总干事卡洛斯·富切与中国谈判代表、时任中国商务部副部长易小准谈判时，准备将葡萄酒纳入自由贸易协定。面对富切强硬的坚持，易小准副部长已经用尽了所有技术方面的论点，最后说："对于智利来说，将葡萄酒纳入该协定是一个严重的错误。我们中国人太多了，我们可能会喝完智利所有的葡萄酒，而什么都不会给你们留下。"短暂的停顿后，富切回答："别担心，朋友，如果真有这种情况发生，智利人会愿意作出最大的牺牲。我们会喝阿根廷的葡萄酒。"葡萄酒被纳入自由贸易协定，的确在中国取得了巨大成功（尽管不足以耗尽智利所有的葡萄酒）。2016 年，中国成为智利葡萄酒的最大市场，取代了美国和英国等传统市场。那年，只有法国向中国出口的葡萄酒多于智利。如今，在北京或上海的餐馆里，比在华盛顿或纽约更容易找到智利红酒。

该自由贸易协定对双边贸易的影响是巨大的。这可以从以下事实推断出来：自 2006 年自贸协定生效到 2007 年，智利对中国的出口从 5.26 亿美元增加到 10.51 亿美元，翻了一番。

自 1990 年智利向民主制过渡以来，智中两国国家领导多次互访。习近平主席曾三度访问智利（2016 年以国家主席身份进行国事访问；2011 年作为国家副主席访问；2001 年担任浙江省委书记时访问），如果不是智利 APEC 峰会临时暂停，本来会在 2019 年 11 月进行第四次访问。随着日趋紧密的贸易关系，双方的政治联系也更加牢固。

为什么全球化是双边关系的关键？

　　尽管两国距离遥远，历史和文化有所不同，但智利和中国仍有许多共同点。两国都被认为是成功应对全球化挑战的发展中国家的例子。

　　智利在自由贸易协定方面发挥了先锋作用，与 65 个国家签署了 29 个协定，比任何国家都多。这是 20 世纪 90 年代以来智利制定的一项"横向"国际贸易政策的一部分。自贸协定在双边、多边和区域（拉丁美洲）等各个方面都促进了贸易自由化，其中双边和多边条约起着关键作用。对于一个基于出口发展模式的小经济体来说，这是至关重要的。效果就是，智利出口额增长了 9 倍，从 1990 年的 90 亿美元增加到 2007 年的 810 亿美元。

　　与这一策略并驾齐驱的，是将"全球化"定义为"亚洲化"。这意味着将亚太地区确定为智利外交政策的优先领域。智利于 1994 年加入亚太经合组织，是第二个这样做的拉美国家，是首个与亚洲国家签署自贸协定的拉美国家（2003 年与韩国签署）；2005 年又与中国签署自由贸易协定，2006 年与印度签署了部分范围协议。根据 2020 年的一些指标，智利这些年取得了高水平的发展，是拉丁美洲最先进的国家之一，这在一定程度上要归功于与亚洲的联系取得了丰硕的成果。

　　与此同时，中国已经朝着发展迈出了一大步，这主要归功于 1978 年在邓小平领导下开启的改革开放进程。改革开放即经济向国际贸易和投资开放，一直是"中国奇迹"的引擎，并使中国经济近 30 年中每年以平均 10% 的速度增长，这在经济史上从未有过。到 2020 年，中国已有 8 亿人摆脱了贫困。自 2001 年加入世界贸易组织以来，中国已成为世界经济中越来越重要的角色——最大的出口国、最大的制造国和最大的汽车生产国。

智利和中国的经济开放都是两国发展的关键。与智利签署自由贸易协定后，中国又与其他国家签署了自由贸易协定，包括与秘鲁和哥斯达黎加等拉丁美洲国家签订的自由贸易协定。然而，正如智利非常小心地在此期间没有完全开放其资本账户以防止金融市场上最残酷的波动一样，中国也做了类似的事情，从而避免了全球化时代最严峻的影响之一，包括 2008—2009 年的金融危机。

美国和欧洲兴起的如保护主义、孤立主义和沙文主义等不同的民粹主义浪潮，破坏了自由贸易，在全球范围内建立起阻碍商品、服务和人员自由流通的壁垒。而智利和中国之间关于自由贸易效益的立场仍然是积极的。

在新冠肺炎疫情流行期间，多边主义也经历了特别困难的时期。不同西方国家的民粹主义领导人强烈谴责了多边主义，他们将对国际组织的批评当作"战马"以获得内部政治资本。

智利长期致力于建设多边主义，其外交政策（1973 年至 1990 年军事独裁时期除外）一贯以尊重国际法、和平解决争端，以及参与包括联合国在内的多边组织为基础，因此智利也是联合国的创始成员之一。智利在过去的 25 年中曾三度当选为联合国安理会非常任理事国，这绝非偶然；智利的胡安·索马维亚也曾在三个时期领导过联合国系统中最古老的机构之一——国际劳工组织；米歇尔·巴切莱特自 2018 年起担任联合国人权事务高级专员。

在过去的 20 年中，中国在国际社会中扮演着越来越重要的角色。2020 年，联合国 15 个专门机构中 4 个机构的总干事由中国公民担任，分别是：国际民用航空组织、粮农组织、工业发展组织以及国际电信联盟。中国参加的维和行动比联合国安理会其他四个常任理事国中的任何一个都要多，在个别国家对世界贸易组织和世界卫生组织等进行猛烈攻击的时候，中国则予以坚定的支持。

毫无疑问，在一个要求更多但合作更少的世界中，智利和中国始终保持着"和而不同"的态势，可以而且必须继续合作。

2014—2017 年智中多边合作如何发展？

值得一提的是，我在北京的这些年里亲眼目睹了智中合作的三个方面，其中两个是全球性的，一个是区域性的。实际上，从 2013 年习近平担任中国国家主席开始，中国的外交政策进入了一个新阶段。

（一）"一带一路"倡议

2013 年，习近平主席发起了"一带一路"倡议。这个倡议旨在通过一条新的丝绸之路重塑欧亚大陆，并在东亚和欧洲之间建立广泛的陆地和海洋联系。我必须承认，这使我产生了一定程度的怀疑。如此庞大的项目，资源将从何而来？即使资源完备，用于管理这些资源的机构会是什么样的？

"一带一路"倡议（the Belt and Road Initiative, BRI）启动七年后，已经成为现实，有数百个项目、超过 1 万亿美元的投资将亚洲和欧洲联系起来。它还扩大了范围，转变为面向"全球南方"的发展建议，不仅包括亚洲和欧洲，还包括非洲和美洲。中国的基础设施和互联互通，不仅对中国是有效的，还可以对赤字巨大的其他发展中国家起作用。

2017 年 5 月，智利总统米歇尔·巴切莱特在北京举行的第一届"一带一路"国际合作高峰论坛的开幕式上致辞，有 30 多个国家元首和政府首脑与会。在致辞中，她强调了"一带一路"倡议对美洲，特别是对智利的重要性。实际上，2016 年 1 月，智利政府建议中国在智利和中国之间安装海底光缆，从而在亚洲和南美洲之间建立直接的互联网连接，这在数字时代至关重要。不久,该提议就在两国签署的谅解备忘录中正式确定。

2018 年 11 月,智利外交部部长罗伯托·安普埃罗在北京签署了另一份关于"一带一路"倡议的谅解备忘录,使智利成为签署此类文件的 19 个美洲国家之一。2019 年 4 月,智利总统塞巴斯蒂安·皮涅拉参加了第二届"一带一路"国际合作高峰论坛。

对于像智利这样对全球贸易如此依赖的国家,互联互通是一个关键问题。"一带一路"倡议已转变为中国在新世纪的主要外交政策,它将继续对智利产生重大影响,其中在南美洲南锥体建设"两洋通道"是其提供的众多机会之一。

(二)亚洲基础设施投资银行

2015 年在北京创建的一家新的跨国开发银行——亚洲基础设施投资银行(以下简称"亚投行")有 57 名成员,初始资本为 1000 亿美元。在与行长金立群的各种交往中,我观察到创建这样一个零起点的机构的意义。金立群是英国文学教授,后来成为银行家,他将拜伦的著作翻译成中文,英语水平无懈可击,是一个非常老练而又优雅的人。许多人认为如果没有他的领导,亚投行或许就不可能成立。

面对各界对成立该银行的反对意见,金立群为成立银行作出了艰苦的努力,这并不令我感到惊讶。有时需要像人文银行家这样的角色来承担许多被认为是不可能完成的任务。在经历了所有预料中的挑战后,亚投行最终获得了世界上最大的一些经济体的认可,现在有 80 多个正式成员,如果算上要加入的准成员,则有 100 多个。

我们的最初目标是确保智利成为亚投行的创始成员之一,但不久之后,我意识到这不可行。智利高达 60% 的出口都流向亚洲,而亚投行则考虑向非区域成员国提供与亚洲有关的项目贷款。对于像智利财政部

巴切莱特总统访问亚投行北京总部。

这样的传统实体来说，"智利成为亚投行成员"的提议并不具有逻辑性。

幸运的是，巴切莱特总统非常了解与亚洲，特别是与中国关系的重要性。在习近平主席于 2016 年 11 月对智利进行国事访问时，她表达了智利对申请加入亚投行的兴趣。因此，巴切莱特总统于 2017 年 5 月成为首位访问亚投行北京总部的国家元首，并正式使智利作为准成员加入亚投行。我们要意识到这对智利意味着什么。虽然还有许多工作要做，但至少已经奠定了第一块基石。

（三）中国 - 拉美和加勒比国家共同体论坛部长级会议

在北京的这些年里，我还注意到，中国不仅在双边层面，而且在区域层面都有兴趣与拉美国家打交道。鉴于中国与该地区国家之间的规模差距，这是可以理解的。但除了规模之外，还存在区域性（如基础设施项目或环境等）和全球性（如气候变化）的问题，需要中国与该地区各国政府共同处理。

其中一项倡议是习近平主席于 2014 年 7 月访问巴西时宣布的中国-拉美和加勒比国家共同体论坛部长级会议。该会议三年为一个周期。第一次会议于 2015 年 1 月在北京举行，是一个由 4 位国家元首、30 位外长和 40 个代表团参加的超大型活动。我们把中国的做法称作"东道主外交"。中国在餐饮、接待和娱乐方面表现出其好客之道，反映出中国文化的多样性和丰富性。会议与具体的合作承诺齐头并进。我作为智利代表团成员参加了第一届部长级会议，会上宣布了一系列助力拉美发展和合作的基金，其中包括几千万美元的基础设施建设基金。继北京之后，2018 年 1 月第二届会议毫无悬念地在智利圣地亚哥举行，对在北京所作的承诺进行了跟进。该次会议的议程之一是讨论"一带一路"倡议和阐明拉丁美洲在这方面的立场。

结　论

国际秩序的过渡给世界各国的发展带来了很大的不确定性。在这一背景下，智利和中国在半个世纪内发展起来的联系以及其连续性和稳定性受到关注。尽管两国在过去经历了重大的政治变革，但两国政府仍将双边关系的维护和发展置于首要位置。这就形成了一个良性循环。建设性的决定和一个个自我实现的预言接踵而至，使相互信任的关系成为牢固的外交关系的基础。

毋庸置疑，中国是文明古国，是世界上人口最多的发展中国家，是核能和太空大国，与位于世界尽头的中型拉丁美洲国家——智利之间存在着巨大差异。正如我们在本篇文章中所看到的那样，智利的经济基于出口发展模式，与中国这样一个在很多方面都拥有世界上最大市场的国家建立伙伴关系，在很多方面都受益匪浅。从一些指标来看，智中关系发展为智利今天成为拉丁美洲最发达的国家作出了贡献，尽管智利仍然面临着各种挑战。

历史上，智利是最早在拉丁美洲以国家形式出现的国家，在许多方面脱颖而出，就像加利福尼亚州相对于美国其他地区一样。传统智慧告诉我们，事情首先在智利发生，然后才在拉丁美洲其他地区发生，这赋予了智利"龙国"的地位。这可能是正确的，也可能是不正确的，但世界上许多观察家都这样认为。与智利的伙伴关系和对话使中国在该地区拥有了一个可靠和可预测的合作伙伴，而此时中国正在扩大其在美洲的存在。通过加入亚太经合组织等实体，并通过严格的官方互访计划，智中两国领导人之间保持了流畅对话，这一点非常关键。

毫无疑问，当前影响国际秩序的紧张局势不仅考验着中国和智利的关系，还将考验中国与整个拉丁美洲之间的关系。然而，过去的经验表明，这一新的挑战也将被克服，就像最近的许多其他挑战一样，智利和中国这两个"诗人之国"之间的联系将继续蓬勃发展。

我与中国的相遇

奥斯瓦尔多·罗萨莱斯·比亚维森西奥（联合国前拉丁美洲和加勒比经济委员会国际贸易和一体化司司长、智利前商务部副部长）

中智自贸协定谈判

作为里卡多·拉戈斯总统执政期间的国际经济关系部总干事，我负责与中国的会谈以及评估两国之间可能达成的自由贸易协议。

2005 年伊始，我担任联合国拉丁美洲和加勒比经济委员会国际贸易和一体化司司长，主要进行了两方面的工作：其一，为尽可能提高国际经济关系部的现代化而争取美洲开发银行的贷款；其二，开始进行与中国的自由贸易协定谈判。幸运的是，这两方面的目标我都实现了。

自 2003 年开始，智利和中国陆续举行了几次会议，确定了谈判中所涉及的章节。2004 年 8 月初，我率智利代表团参加一个在北京召开的会议，评估前期研究成果的质量并确定下一步工作。

在到北京之前，我经停上海并拜会了上海市政府。我住在当时的智利驻上海领事何塞·米格尔·冈萨雷斯的住所里，他和他的家人不仅无微不至地照顾我，还向我介绍了中国议程上的主要议题，并提供了一些有趣的文件。随着对中国正在发生的事情的不断了解，我的不安也在增长。

8 月 1 日是星期天，我参观了上海城市规划博物馆和上海博物馆。周一早上，我与在上海的智利企业家和高管们一起吃了工作早餐，他们来自海上运输、零售和外贸等公司，这些公司代表了智利葡萄酒、新鲜水果、海产品、纺织和金属加工出口商。我提议成立上海商会，此建议后来被智利共和国上海商务处采纳。下午，我和上海市副市长唐登杰先生举行了一次会面，他主管上海的经济事务。我还与中国专家、智利领事和商务专员举行了几次会议，更详细地了解了中国商业法规的运作，寻找可以促进信息交流、经验交流并用以加强国家形象的活动，以及推动双边贸易和投资的方法。在与中国相关负责人举行的所有这些会议中，我对他们关于智利情况的了解以及他们提出的各种开拓性的智中合作举措感到震惊。

8月2日，我荣幸地与中国国际贸易促进委员会副会长会面，并在三年后与这一机构建立了亲密的联系。之后，我与智利国家铜公司亚洲代表会面，后与中化国际（控股）股份有限公司代表在金茂大厦见面。会议结束后，我受邀登上了著名的"东方明珠"塔顶，从那里可以看到整个上海的壮丽景色。

陪同我参加这些活动的是智利驻上海领事和智利驻上海商务处商业专员，他们确保了这些会面能够更好地进行。

从上海出发后，我才意识到：凭借着现代化的建筑和通达的高速公路，上海已经崛起并成为21世纪的世界中心之一。我开始了解到世界上一半以上的起重机在中国运转意味着什么——从任何一个方向看去，视野中都会出现5至10台起重机，这是相当令人震惊的。世界的这个区域正在腾飞，历史的车轮穿过那里。从那一刻起，我就有意密切关注中国经济的发展，以及它对世界经济和它在智利以及拉丁美洲产生的影响。我永远无法想象这次旅行只是一段长久关系的开始。

8月4日至5日，"智利-中国研究高级别小组第二次会议"在北京举行。这次会议由中国商务部部长助理易小准先生和我共同揭幕，会议的目的是巩固前几次会议的进展，并交换文件，评估两国之间达成自由贸易协定的可行性。定量分析小组（服务贸易量和趋势、各国的汇率和贸易政策、各方看到的机遇和挑战等）、服务小组、投资和金融服务小组、市场准入和法律事务小组等会议持续展开，双方就各项事宜一一落实。非常巧合的是，5 日正好是我的生日，我在北京国际饭店过了一个非常有意义的生日。

在我心中，这次会议具有战略意义——如果结果是积极的，那么就可以利用将于当年 11 月在智利圣地亚哥举行的亚太经合组织领导人峰会签署正式协议，这是一次重大的历史巧合。当时的目标是在 11 月之前获得两国政府的批准，使拉戈斯总统和胡锦涛主席能在亚太经合组织领导人峰会上签署关于谈判开始的协议，使这次峰会和智利政府取得重要的国际政策成就。

抵达圣地亚哥后，我将这次访问的结果向外交部部长阿尔韦亚尔进行了汇报，并将有关信息刊登在 9 月 2 日的《信使报》上：

"中国对涵盖货物、服务和投资交换的所有问题的现代贸易协定都表现出谈判的兴趣，寻求加强其在东南亚国家联盟（东盟）以及随后与其他贸易伙伴之间的战略地位。目前，智利与东盟成员国正在进行谈判，并且进行了与澳大利亚、新西兰和新加坡开始谈判的调查。在这里，中国的战略利益与智利的谈判经验相吻合，这增加了两个经济体之间的互补性。因此，我们正在进行的有关智中自由贸易协定的可行性共同研究成为预测我们未来贸易步骤的关键要素。这是将自己置于全球经济和贸易动力中心的有利时机。建立业务网络和行业联盟将刺激我们数十年的增长能力，包括技术联盟和联合探索第三市场的机会。"

我记得是在 2004 年 9 月下旬，我们收到了北京的消息：中国政府正在积极评估开始贸易谈判的可行性。智方谈判人员的下一个任务是获得批准，开始进行国际经济关系部际委员会内部的会谈。该委员会由财政部、经济部、农业部的部长组成，由外交部主持。委员会执行秘书是国际经济关系部部长，也就是我本人。

这项任务十分艰巨。尽管智利国内的农业领域意识到智中自贸协定将为其带来出口机会，但在工业部门，这一愿景却令人不安。此外，有关人士也认为没有必要将中国添加到这一协定中，因为智利已经与美国和欧盟结盟，因此，有必要集中精力充分利用这些协定，稍后再与中国进行谈判。

必须说明的是，智利作为第一个与中国达成全面现代贸易协定的国家所能够给予的贸易和外交政策优势，同智利与中国澳门和中国香港方面的协定相比是非常有限的。另一个难题是，要让持反对立场的相关人士明确赞成给予中国"市场经济"地位，因为这是中国提出的开始谈判的要求。

这一说服过程并不容易，但最终获得了批准。

于是，智中双方领导人于 2004 年 11 月在圣地亚哥举行的亚太经合组织领导人峰会上宣布开始谈判。

以上就是胡锦涛主席访问智利期间签署开始自由贸易协定谈判协议的过程。

我在联合国拉加经委会与中国相关的工作

亚太经合组织会议结束、智中自由贸易协定谈判开始之后，我去了联合国拉加经委会，担任国际贸易与一体化领域的负责人。

一到拉加经委会，我的首要目标就是引起该机构对中国在全球舞台的重要性的重视，并且引导拉丁美洲开始反思这一挑战，进而寻求与中国合作和对话的多种方式。

到拉加经委会工作后，我负责代表该机构参加 2007 年 11 月在圣地亚哥举行的由中国国际贸易促进委员会组织的首届中拉贸易峰会。在那之后，我还受邀参加了中拉贸易峰会的 6 个年会，其中 3 个在智利的利马、波哥大和圣何塞举办，3 个在中国的哈尔滨、成都和杭州举办。我与中国贸促会同事建立了良好的关系，他们邀请我为本国国家商会会议揭幕。我要特别强调一下，雷虹（时任中国贸促会美洲和大洋洲司司长）在贸促会会长万季飞先生的领导下为所有这些会议的组织发挥了重要作用。所有这些，都是保留在我脑海中的最美好的记忆。

通过参加这一系列活动，我越来越清晰地认识到，世界经济的未来就在这里。因此，有必要考虑对中国现象、中国未来可能的演变趋势及其对全球经济和西方本身演变的影响进行更精确的诊断。

我还受邀参加了拉加经委会、拉美开发银行、德国国际合作机构以及哥伦比亚大学等机构在北京、成都、海口、杭州、上海、沈阳等地举行的研讨会。在这些活动中，我与很多学术中心和众多中国同事有了联系，包括中国社会科学院拉丁美洲研究所、国家开发银行、中国改革发展研究院、中国贸促会、中国当代国际关系研究所、中国国际贸易经济合作研究院、上海国际问题研究所、清华大学、北京师范大学等机构以及中国国家发展和改革委员会、外交部、商务部和财政部等政府部门。这为我提供了仅通过阅读很难获得的中国发展的数据和关键信息。此外，2004 年至 2018 年期间，在拉加经委会执行秘书艾丽西亚·巴尔塞纳的大力支持下，我 18 次访问中国，并多次访问北京和上海。每次来华旅行都有令我印象深刻的关于中国经济飞跃的新闻、发现和惊叹。

我很快就积累了大量关于中国历史、经济学和政治学的英文、法文和西班牙文的书籍资料。那时，我开始收到来自拉美地区国家的邀请，这些国家开始考虑与中国的关系。联合国拉加经委会的相关出版物反映出人们对中国正在进行的令人兴奋的经济过程的关注，这对分析中国与

参加在上海举办的"中国、欧盟和拉丁美洲：当下问题与未来合作"研讨会。

拉丁美洲的经济关系作出了开创性的贡献。这些出版物在中国和有关学术中心也引起热烈反响。温家宝总理（2013 年）、李克强总理（2015 年）和习近平主席（2016 年）也因此访问了拉加经委会。

2011 年，拉加经委会《中国与拉丁美洲和加勒比：迈向经济和商业联系的新阶段》报告的中文版发布，当时的智利驻华大使路易斯·施密特出席了发布仪式。我有幸参加了在北京举行的中国与拉丁美洲智库交流论坛的前两届会议。同样幸运的是，我还参加了第一届中国 - 拉共体论坛（2015 年 1 月在北京举行），拉加经委会同意了本次论坛通过的文件。

2012 年，拉加经委会编写了拉加经委会杂志中文特刊，收集了一系列文章，内容涵盖中国与拉丁美洲之间经贸关系中的关键问题以及拉丁美洲发展的关键特征。

《中国与拉丁美洲和加勒比：
迈向经济和商业联系的新阶段》
报告的中文版发布。

2015 年年中，我从联合国退休，开始担任智利大学国际经济问题研究所顾问并负责该领域的教学工作（工业工程 MBA）。

我关于中国的思考

正如我已经指出的那样，中国贸促会邀请我参加了前八届中拉贸易峰会，正是在这些旅行和会议中，我开始进行反思，最终的成果体现在我 2020 年 2 月出版的著作中。

我写这本书的初衷是为了回应外界对推动拉美地区与中国对话和谈判的强烈不安，主张抛弃单边主义的做法。事实上，"贸易战"严重损害了多边主义，美国政府扬言要把我们重新带回到"冷战"中。西方应摒弃偏见和错误信息，并努力理解中国在全球舞台上的政治文化观。

在书中，我们研究了"中国梦"的历史连续性，试图探索中国人如何看待自己的历史和与西方的关系，以及这种观点如何演变；他们的长期目标是什么，以及这些目标如何在其短期和中期政策中得到体现。正是这种历史的眼光使我们坚持认为，两个主要大国之间的商业和技术争端持续时间不会很短，而且我们可能会经历数十年的斗争，而构成挑战的是两种不同的经济、政治和体制发展模式。正如基辛格所说，理解这些差异并研究非破坏性共存的选择可能是21世纪政治学的主要挑战。

基于这种观点，我们发现了西方经常对中国保持的那些或神秘、或错误、或过时的观念。鉴于中国在技术、专利、创新和人才方面的显著进步，继续将其视为生产技术含量低且廉价的劳动力密集型商品的"世界工厂"是不严谨的。尽管这种模式可能在某些地区会继续存在，但目前的情况是中国正在全面推动新技术和世界一流基础设施方面取得重大发展。

很明显，中美之间在影响21世纪世界发展方面的争执仍将继续。因此，当前时代的一大课题是调查世界两大经济体系之间这场争端引发的情况。在欧洲和拉丁美洲，该问题应引起更多重视。未来几十年的重大课题将是中美之间进行多少合作或发生多少冲突，这一方面将对世界经济的稳定和活力产生影响，另一方将面对主要的地缘政治发展产生影响。关键是两个大国能否避免"修昔底德陷阱"。

与此同时，在这个动荡的年代，拉丁美洲是否还将继续依赖周一的报纸以了解全球局势的变化，或者是否有能力表达区域性或次区域性的声音从而与大国参与者互动、谈判并维护自己的利益，还有待确定。在战后体制设计即将到期、新技术和气候变化需要全球对策的新时代，拉美地区必须自主建立前瞻性愿景和战略联盟。没有人会为我们做这一切。

希望在未来。拉美地区与中国的联系将与加强区域合作和建设一体化空间齐头并进。

难忘的智利老朋友冯特西亚侯爵

李建英（中国前驻智利使馆外交官）

    智利是国际社会中发展对华关系的先锋，引领了拉美国家"向东看"的历史潮流，在中拉关系发展史上取得多项"第一"。我有幸于2005—2008 年在中国驻智利使馆政治处工作，对智利这个"非典型"拉美国家有了更深入的认识，也在工作中结交了很多智利友人，其中最难忘的是当时已年逾八旬的马里亚诺·冯特西亚侯爵，我们使馆的同事都亲切地称呼他为"老爷子"。

马里亚诺·冯特西亚侯爵。

我和冯特西亚侯爵是在 2006 年 7 月中国驻智利使馆筹备全国人大常委会委员长吴邦国率团访智工作中相识的。我当时负责代表团访问日程及礼宾安排，老爷子是智利外交部驻议会联络办主任，他作为智方总协调同中国使馆对接。这里要解释一下，智利议会在皮诺切特军政府时期搬迁至海滨城市瓦尔帕莱索，为了协调议会的对外交往，智利外交部专设了驻议会联络办这个特殊机构。

初识老爷子，我被他的外表"蒙骗"了。老爷子言辞风趣，举止优雅，白发梳理得一丝不苟，西式礼服衬托着翩翩风度，经常一辆奔驰、一辆阿尔法·罗密欧跑车换着开。我暗自猜测老爷子也就 60 来岁，这个岁数在西方国家大使中也算常见。直到后来相熟后，老爷子才透露他的年龄：1924 年生人，当时已经 82 岁了。我大吃一惊，告诉他我才 28 岁。从此，82 和 28 这对数字就成了老爷子拿我打趣的谈资了。

老爷子除了年龄让我惊讶，他的身世和经历更让我开了眼界。老爷子自豪地说，他出身于贵族家庭，先祖曾参加哥伦布第四次美洲探险，还曾被西班牙国王封为智利殖民总督，世袭侯爵。我惊讶地问，智利作为共和国现在还有贵族？老爷子说，他是家族第 11 任侯爵，也是智利唯一保留封号的贵族。

老爷子干了一辈子外交，长期担任智利外交部礼宾司司长，曾任驻西班牙代办，驻意大利、挪威、瑞典等国大使和驻梵蒂冈教廷大使。老爷子外交生涯最辉煌的时期是 20 世纪 80 年代，他曾为智利军政府恢复同国际社会正常交往而殚精竭虑。1981 年，西班牙对智利军政府的态度有所转变，老爷子被皮诺切特任命为驻西班牙代办。他迅速打开两国关系近十年的冰冻状态，并利用同西班牙各界的友好关系，最终促成胡安·卡洛斯一世成为 1990 年智利成立文人政府后首位访智的外国元首。此后，老爷子就一直担任智利外交部派驻议会联络办的负责人，负责议会外事工作。

　　老爷子身上的"传奇"还不止于此。葡萄酒是智利的拳头产品，此前中国高级别代表团访问智利时，智方都特别希望以葡萄酒为抓手让更多的智利产品打入中国市场。2001年4月，江泽民主席访问智利期间，智方特别安排江主席参观圣西塔（SANTA RITA）葡萄酒庄。圣西塔酒庄主人是智利共产党党员，在中方代表团参观时言谈甚欢。2006年，中智双方在商量吴邦国委员长代表团行程安排时，智方再次提出希望中方代表团参观智利的葡萄酒庄。可当时圣西塔酒庄主人已去世，使馆对其他酒庄也不甚了解。老爷子就是那时透露了自己的企业家身份。原来，智利最古老、最大的酒庄干露（CONCHA Y TORO）就是他的家族企业。这家酒庄是由第七任侯爵梅尔乔在1883年创立的。创立之初，由于频繁遭到窃贼光顾，梅尔乔侯爵只好对外宣称他的酒窖里有一只魔鬼，没想到，酒窖有魔鬼的传言让这家酒庄打出了名声。20世纪90年代，老爷子卸任大使职务后，就担任了自家酒庄的董事长职务。我们自然对老爷子的酒庄很感兴趣，亲自前往考察。酒庄的历史、规模和荣誉让我们大吃一惊：以创始人梅尔乔命名的干红（中文译名"魔爵"）已连续多年入选世界十大名酒，以魔鬼传说命名的"装有魔鬼的多格柜"干红质高价廉, 畅销130余年。(不知为何, 这款酒到了中国被翻译成"红魔鬼", 实际上西班牙语直译是"装有魔鬼的多格柜"。) 了解到这家酒庄的概貌, 中方自然同意智方的参观安排。吴邦国委员长成为这家酒庄接待的首位中方贵宾, 这次贵宾到访也为酒庄打开中国市场做了活广告。2006年又恰逢中智签署自贸协定, 这是中国同海外签订的第一个双边自贸协定, 意义重大——此前中国只同东盟十国签订了多边性质的自贸协定。根据中智自贸协定, 智利葡萄酒进入中国市场开始享受减免关税政策, 十年后完全免除关税。在中国政府政策支持和国内市场繁荣的背景下, 干露酒庄在中国的生意蒸蒸日上, 现在已经是位列全球前五的葡萄酒生产商。

老爷子对中国十分友好。2001年4月, 老爷子陪同时任参议长萨尔迪瓦访华, 得到江泽民主席和李鹏委员长的接见, 还去了北京、上海等地参观。虽然这是他第一次访华, 但他迅速从中国快速发展的浮光掠影中看到了这个国家的光明前景, 访华后不遗余力地宣讲中智关系的重要意义, 推动他的家族酒庄在上海设立了分公司, 还在长城上搞了一场名噪一时的智利葡萄酒博览会。

但老爷子对美国人的印象可能就不太好了。老爷子自诩欧洲老派贵族, 对美国"暴发户"欣赏不来。就在吴邦国委员长到访前, 他刚从美国访问归来。他气愤地对我说, 这次访美本就是可去可不去, 结果在洛杉矶入境时被美国的警察好一顿刁难, 理由是美方不认为80岁以上的老人可以持工作签证去美国, 无论智方工作人员怎么解释他们都不听, 现场尴尬不说, 还影响了其他旅客入境。

老爷子在智利政坛、经济界人脉广泛, 对中国使馆工作给予了很多宝贵的帮助。我在工作中没少打扰他, 经常询问他的看法, 有时还会请他帮忙介绍相关单位和负责人。记得有一次, 中方大使要见时任参议长罗梅罗, 但罗梅罗的行程安排很紧张, 我们只好请出老爷子从中协调,罗梅罗破例在圣地亚哥的家中同我们会面。2010 年 2 月，我陪同中国水利部部长陈雷出席乌拉圭总统权力交接仪式，路过智利期间正好遭遇 8.8 级大地震，这是有记录以来全球第五大地震，当时机场因跑道受损而关闭，陆路边境也因多处塌方而堵塞，代表团非常着急，担心不能按时赶到乌拉圭而无法完成中央交办的任务，无奈之下寄望于在当地租一架小飞机前往。这时我想起了老爷子，想问问他的意见。老爷子听说后，严肃地和我说，不建议你们租小飞机飞越安第斯山，就在今天，智利工程部部长搭乘一架小飞机去震中视察，结果飞机失事，全体乘客遇难。我把情况汇报给代表团领导后，大家就熄灭了这个想法。后来，乌拉圭政府得知了我们代表团的困难，专程派了一架 C-130 军用运输机到智利接我们过去。

　　尽管时隔多年，和老爷子的交往已封存在记忆深处，但回想起来有些画面仍历历在目。此次受命撰文，我又问了下现在驻智利使馆的同事。同事告诉我，老爷子身体还好，仍是中国使馆的老朋友。

大学间的文化合作
——用之不竭的好奇心和对理解的探索

约翰内斯·雷纳 （智利天主教大学地理研究所副教授、前加州大学亚洲研究中心主任）

重 逢

　　这次从圣地亚哥飞往中国的旅途中，身体疲劳而酸痛着，时空的概念在某些时候消失了，人转眼间就已经在千里之外。巨大的好奇心伴随着我，因为在 15 年之后，我又将回到上海，这个我在 20 世纪 90 年代末就认识的城市。尽管几年来都没有机会再回来，但她从未停止对我的吸引。记得上次离开时，浦东机场才刚运行没几年。如今，就像中国一直以来的习惯，她的规模、生活的脉动、设计和基础设施的现代感都给人留下了深刻的印象。世界上第一列商业运营的磁悬浮列车诞生于上海绝非偶然。

上海浦东。

在从机场到酒店的路途中，我尝试识别这些建筑物，但是完全失败了。我早应该预料到，因为上一次离开上海是在新千年之交，那时这座城市到处充斥着起重机和令人难以置信的竹制脚手架。它们已经消失了，留下了自己的印记：数千座新的高层建筑明显改变了城市的面貌；浦东天际线与建成于 1994 年的东方明珠塔，以及最近拔地而起的一幢幢摩天大楼就是上海新形象的标志。不可否认，谈起 21 世纪的中国，"增长"这个概念不可或缺。给人留下深刻印象的不仅是中国的发展，还有中国人民的执行能力和对构想的承诺，这不仅体现于在创纪录的时间内建造摩天大楼和地铁的计划中，还特别体现在建立社会关系方面。

2017 年 5 月，我受邀参加上海论坛。论坛宣布将启动复旦 - 拉丁美洲大学联盟（FLAUC）大学网络。从个人角度来看，这一倡议就是中国和平合作发展的决心和承诺的一个很好的例子。该项目由复旦大学发起，召集了来自拉丁美洲 6 个国家的 12 所大学，其中一些是该地区的教学和研究方面的领导者，旨在促进和激活围绕跨太平洋关系发展和挑战的学术对话。

智利天主教大学一些有远见的管理者从 20 世纪 90 年代开始就发现中国作为学术合作伙伴的重要地位。根据对新世纪的预测，智利开始实施一系列的项目，促进学生交流计划，成立天主教大学孔子学院，并创建了天主教大学亚洲研究中心，为与中国建立持久的关系奠定了基础。现在，天主教大学仍与包括清华大学和南京大学在内的 6 所中国大陆大学以及 3 所中国香港地区的大学保持着学生交流协议。天主教大学对亚洲尤其是中国已有十多年的研究。此外，在拉丁美洲范围内，许多大学都有各种类似的倡议，这表明人们研究中国的兴趣在迅速增长，因为中国已成为世界国际贸易的主要推动者。FLAUC 大学网络是经常被提及的众多范例之一，这些例子被用来强调在外交和贸易交往方面，尤其是在学术研究领域，已扩展数十年且卓有成效的合作对知识创造的重要性。

2019 年上海论坛，复旦大学校长许宁生和拉丁美洲大学代表团在 FLAUC 大学网络大会上合影（FLAUC 提供）。

无论是独立工作还是团队协作，学术活动都需要不断地整合知识以创造新的想法。在这一过程中，必须有意识或无意识地阅读、聆听和评估那些文字和叙述，以帮助理解科学是什么的总体概念。同样，在研究中，结成联盟、开展协作、交流成果和知识也至关重要。在这种理想状态下，中国率先成为合作计划中的优先对话者。新千年伊始，中国就迅速增加了科学产出，许多大学都在极短的时间内推动其研究人员在索引期刊上发表文章。此外，在国外攻读研究生的研究人员已回到中国从事学术研究工作，他们带来了知识、国际网络以及研究和跨文化对话的经验，这为中国在世界科学生产全景中的成功定位奠定了坚实的基础。几年之内，中国的好几所大学在国际上的知名度得以提高。例如，在"泰晤士高等教育世界大学排名"和"QS 世界大学排名"中，目前有 6 所中国大学名列全球 TOP100。这也体现了中国在社会、经济发展道路和战略方面的远见和抱负。

上海论坛是重要的国际性学术和公共政策对话活动，它体现了中国面向全球发展的定位。在上海论坛的框架内，以签署协议而启动的FLAUC 大学网络是具有象征意义的，因为它表明中国除了开放常规搜索与美国和欧洲领先的学术中心衔接之外，还希望开放其合作网络。在好奇心和信任感的驱使下，我来到了这个网络合作的启动现场。我坚信，这样的倡议可以为在创造新知识方面进行重要合作的长期发展计划开辟道路。

在天主教大学和智利大学的参与下，智利在 FLAUC 项目中发挥了重要作用，这些高校与该地区的其他大学一道支持和促进了这一跨太平洋合作。自 2017 年以来，这个以研究为重点的网络在拉美地区和中国组织了多场学术会议，在合作框架内交流知识、引发学术辩论、发表论文。该网络在波哥大（2017 年）和利马（2018 年）举办了学术研讨会，并参加了 2019 年上海论坛中由罗萨里奥大学、天主教大学和复旦大学组织的主题会议。

2020 年暴发的全球性新冠肺炎疫情挑战着人们的工作方式，同时，这也促使人们重新解释和调整交互方法。复旦大学的对话参与者似乎更加致力于寻找有用和可行的方式，以在困难的情况下继续开展合作。考虑到当代中国将新技术融入日常生活的速度，我毫不怀疑，这些挑战将推动协作和行动中的方法和技术更快变革。

对中国的好奇心和理解程度

中国城市的加速转型（不仅是增长）是现代化建设的一部分。我一直被中国古代文化和蓬勃发展的大都市风景所吸引。上海如今既拥有经过翻新的历史悠久的庙宇和花园，也有现代化的城市基础设施。豫园，是和谐的象征，位于城市的历史中心，周围是商业场所和饭店，它的高消费与花园的概念形成鲜明对比。这座城市重新评估了自身的历史价值，保留了大量历史遗迹，不只包括庙宇、茶馆和法国租界区，其成功逃离德国纳粹政权的犹太人散居纪念地也让人感到惊讶。

上海是一个让人产生无知感和困惑的地方，但它总是充满吸引力，让人着迷并激发人们对知识的渴望。顺便说一句，记得 20 世纪 90 年代末，有一次我在这里与几个人在一家餐馆共进晚餐，服务员统一下单，但是当我们点到第六道或是第七道菜的时候，令我们非常惊讶的是，服务员毫不犹豫地拒绝了。我的想法首先是怀疑他们的供货有问题，但其实却是另有原因——服务员说，他们有这道菜，但他解释说我们点的菜里荤菜已经足够了，我们需要的是一份青菜，一份豆腐，或者一条蒸鱼。对一桌菜品的构成来说，真正重要的是寻求平衡，不仅要平衡口味和偏好，还要平衡颜色、食材和烹制方式。

有些人，比如冯斯·琼潘纳斯，将"文化"理解为解决日常生活问题的不同方式的表达。因此，文化在语言和风俗习惯中得到了清晰的表达，并且潜藏在美好且令人向往的观念中。跨文化交流的目的并不在于认识到对与错、好与坏，而只需要接受并尽可能地理解不同的生活方式。

一个国家、地区或文化的传统美食令人印象深刻，鲜活且不断发展，同时它是一种艺术形成和日常体验，即文化本身的一种表达。体验一个地方的烹饪传统可以保持好奇心的丰富可能性。因此，接受无数种可能性，品尝和享受让人惊叹的、真正非凡的美食的味道，并在这一过程中体味其含义，这是一种经历，可以用来定义在中国任何地方游历的脚步。

了解所到之地的语言，对于进行深入的跨文化交流以及确保交流双方相互被正确理解至关重要。我可以通过自身的经验证明这一说法。当我访问中国某些地方时，由于对当地语言掌握不足，使我产生了一种强烈的无知感。实际上，这是我从记事时起，第一次感到自己是文盲——
更准确地说，我像许多在中国短期停留的人一样，经历着"文盲"时期。
至少可以说，尽管我有动力，但我学习普通话及汉语写作的尝试并没有
成功。所幸，中方接待者总是在技术和翻译人员的帮助下很友善地关注
着旅行者，从而使这一障碍很容易被忘记。此外，在学术领域可以用英
语进行对话。

　　语言是跨文化交流的关键，也是实现交流双方相互理解的工具，
远远超出了当今可以使用的工具和技术支持范围。语言是卓越文化的一
种表达，它带给人们更深入了解各地及其民众的满足感。因此，使用当
地语言可以让你沉浸在当地文化中，并为深层次的理解提供可能性。我
深信，即使通过日益智能化和复杂化的移动应用程序进行同声翻译，对
一种语言的研究仍将是人际交流以及理解该语言及其文化的关键。智利
天主教大学孔子学院是在智利天主教大学与南京大学的合作下投入运营
的，已有十多年的成功经验，有 4000 多名学生在这里学习汉语。几代
人通力合作，致力于共同发展和促进中国与拉丁美洲之间的关系。

与智利大学的多罗
蒂亚·洛佩兹教授
一起代表智利两
所大学共同出席
2019 年上海论坛
FLAUC 大学网络大
会（FLAUC 提供）。

2017 年 10 月，设立在哥伦比亚波哥大罗萨里奥大学的 FLAUC 徽标（FLAUC 提供）。

就中文而言，学习一种语言的文化价值就更明显了，除了可以进行口头交流外，还可以通过深入了解词汇进而研究汉字。在这一过程中，循着象形文字中的历史根系，可以打开附加选项去了解其他内容。而且，其审美价值很可能超越作者本人，超出其内容范围。

在我看来，将好奇心和惊奇感制度化的最佳方式之一是学术合作。从建立大学网络的事实来看，学习动机是相互的，可以使中国同行表现出真正的兴趣，进而深入了解拉美和智利的经验。FLAUC 大学网络无疑表达了中国与来自南半球合作伙伴建立合作关系的兴趣，这些合作伙伴来自不同背景下的国家，这些国家在政治和经济权力的传统中心之外。该网络的驱动力是必须建立一种不同于与"发达世界"中领先大学的传统合作关系的关系。在这里，英语被当作进行共同工作的工具，而且成为交流的唯一工具。实际上，与中国的合作在某种程度上甚至是与拉美同行进行合作的催化剂。与中国顶尖大学在研究领域的初期合作体现了朝着多边交流结构发展的趋势。在学术领域，这种结构基于知识的协作构建，从而确保了参与工作的所有人员的利益。

人文篇

人民在文化交流中的共融
——中国与何塞·万徒勒里之间的深厚友谊

马尔瓦·万徒勒里（何塞·万徒勒里基金会主席）

　　我的家庭与中国之间的友谊渊源深厚，最早是从我的祖父何塞·万徒勒里开始的。他是一位享有声望的智利伊泰洛艺术家，其坚定的信念使他为捍卫和平而战。他是第一个在中国定居的拉丁美洲人，被认为是智利与中国外交关系的推动者。

　　1951 年，祖父何塞和祖母黛莉亚·巴拉奥娜以及我的母亲巴斯一起开始了他们一生中最重要的经历：认识拥有千年文明的中国。在那些日子里，从一个大陆迁移到另一个大陆意味着漫长的旅程，这次也不例外。他们不得不从欧洲出发，穿越世界上最大的戈壁沙漠，到达刚刚诞生的正在发生社会变革的中华人民共和国。

黛莉亚、何塞和巴斯在工厂。

巴斯肖像，1954 年。

祖父是一个曾游历过多个大洲的人，但却从未见过这种与西方传统截然不同的文化。一家人住在中国人民对外友好协会提供的房子里，这是一座大型的欧洲风格房屋，以前曾是意大利驻中国大使馆。在这里，他们与中国国际关系史上的其他重要人物一同生活并彼此建立了友谊，例如路易·艾黎、安娜·路易斯·斯特朗、罗伯特·威廉姆斯、西园寺公一。他们也构成了我们称之为"中国享有声望的外国朋友"的群体。

此后不久，祖父与周恩来总理建立了友谊。他认为周恩来是"一个杰出的、理智的人，并多次表达了对智利人民的团结和兴趣"。基于这种友谊，祖父后来见到了毛泽东主席并被任命为非洲、亚洲及太平洋国家和平大使。

周恩来在人民宫，1952 年。

祖父在著名的中央美术学院任教，在那里他引进了真实模特裸体教学，这在当时是完全创新的。2016 年，我与何塞·万徒勒里基金会的其他成员一起前往中国，参加在中央美术学院美术馆举行的"拉美大师系列展览"之"何塞·万徒勒里作品展"开幕式。广军，著名艺术家、教授，也曾是我祖父的学生，告诉我，"何塞·万徒勒里影响了整整两代中国艺术家"。

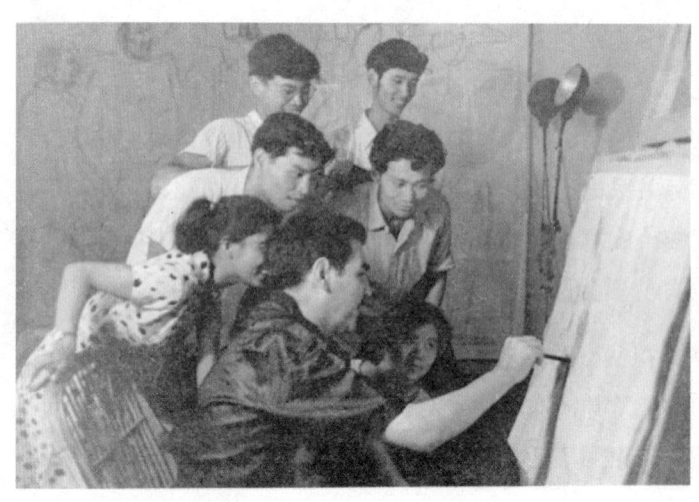

万徒勒里和他在中国的学生。

在对中国千年文化的探索过程中，我的祖父遇到了中国最具影响力的画家之一齐白石。祖父经常到他的工作室去拜访，因此他们彼此建立了深厚的友谊。祖父对这些会面是这样评价的："尽管我认识他时，他年岁已经很大了，但是他很清醒，他使近一个世纪的东方绘画鲜活生动。"我母亲告诉我，齐白石曾经送给祖父一支鼠毛画笔，用它可以更传神地画出眼睛的瞳孔，使眼神更有深度。

通过这些会面，他与伟大的诗人艾青和萧三也建立了联系。萧三先生和祖父之间还有一件逸事。一天，这位智利艺术家邀请中国诗人品尝智利传统饮品"水果酒"，但由于他们没有红酒，就将水果与科尼亚克白兰地混了起来。祖父警告说以前从未做过这种酒与西瓜的混合物，因为这种混合物像橡胶一样坚硬，可能会引起中毒。几天后，萧三先生邀请祖父在北京饭店吃午餐。饭店的桌子上放着一块西瓜和一瓶白兰地，萧三先生开始在祖父面前往酒中加水果。面对这种烹饪"圣餐"，祖父都看"傻"了，确信萧三先生会因中毒而瘫倒在地。然而，令祖父大吃

万徒勒里和艾青、齐白石、萧三。

一惊的是，这种情况并没有发生，最后两个朋友都喝了这种不寻常的混合物饮品。祖父幽默地说，这种经历削弱了他作为一个世界名人的声望。

中国艺术也是祖父艺术创作的基础，这种影响不仅来自东方传统中轻描淡写的绘画风格、对美丽景观的欣赏，或是书法技术之美，而且还在于一种对世界感知方式的转变。用祖父自己的话说就是："中国艺术迫使我重新去看和思考什么是绘画，以及画家或他的目光的意义；使我对涵盖了我们文化形态的欧洲复兴的影响产生怀疑。"

在祖父加深对中国艺术的丰富性和复杂性了解的同时，祖母黛莉亚在外国语学院教授西班牙语。她虽然不懂中文，但发展出一种特殊的方法，通过视觉性进行教学。这样，她成为在中国教授西班牙语的第一位智利老师。同时，为了传播中国文化，祖母还为智利报纸撰写文章。从这些文章中，我们可以看出她对中国的赞赏之情："他的诗句就刻在那最高峰上，那是诗人（陶渊明）可以俯瞰祖国无与伦比的美丽的地方。我见过老人、怀抱婴儿的妇女、孩子，他们不知疲倦地阅读和重复这些

黛莉亚·巴拉奥娜和她的学生们。

诗文，触摸并感悟他们的生活，也就是他们的文化。"

　　祖母是一位杰出的女性，具有高雅的美感、洞察力、智慧以及人性化的意识，这使她打破了时代给女性设下的传统模式，并走出了属于自己的人生道路。祖母对她的学生产生了非常重要的影响，一些学生后来成了非常著名的人物。

　　在祖母工作期间，母亲巴斯由一位中国保姆教育，她会教母亲东方的风俗和习惯。几年后，母亲变成了典型的中国女孩。她们之间的爱与信任如此深厚，以至于母亲定居瑞士并且我已经出生之后，我们还会时不时前往北京与保姆相聚，好多次母亲把我留给她亲爱的第二位中国母亲照顾。

　　1973 年，周恩来总理邀请母亲学习中医，此后她成为该学科的佼佼者，并且是智利第一位女性针灸师。我的母亲一直是中西传统文化独特融合的见证。

从左到右：巴斯、马尔瓦和保姆，北京，1982 年。

　　中国这个古老国家的宏伟壮丽，其文化瑰宝的丰碑性意义以及最重要的——其非凡的人文脉络，已深深渗透到我的家族历史中，成为爱与相互钦佩的情感。对我的祖父母和母亲而言，中国是一段非凡的学习和成长经历的发生地，无论距离如何使他们与中国相隔，那里都是他们的家。

　　我们必须牢记两国之间外交关系的深厚渊源。文化上的相知相近是两国之间的桥梁，而这正是智利艺术家和知识分子等前往中国的各种文化团体开展文化交流的产物，它们的伟大发起人和推动者之一是何塞·万徒勒里。

　　万徒勒里家族的遗产已经超越了时间的限制，巩固了两国之间的兄弟关系，但最重要的是，它使我们了解到文化在外交、经济和政治交流中的重要推动作用。

　　中国与万徒勒里家族之间的这种友谊纽带已经持续了三代人，我希望它会在更长的时间内继续繁荣！

聂鲁达和艾青的召唤
——中智文学交流的高光时刻

孙新堂（现任教于北京语言大学，曾任孔子学院拉丁美洲中心副主任）

　　2002 年 10 月，一个题为《友谊》的短剧在南京大学精彩上演，南京大学西班牙语系的两名本科生分别扮演艾青和聂鲁达，展现了两位伟大诗人的深厚情谊。当时的我作为洛阳解放军外国语学院西语系青年教师代表，正在参加南京大学主办的全国西班牙语基础教学研讨会，话剧演出是会议闭幕式上的特殊安排，此情此景至今犹在眼前。

　　聂鲁达是第一位来华访问的拉美诗人，艾青是第一位到访智利的中国诗人。两位诗人曾在中国和智利多次相聚，并各自写下了关于对方国家和人民的伟大诗篇，比如艾青的长诗《在智利的海岬上》、聂鲁达的《新中国之歌》，从而开启了中智两国文学交流的先河。两位诗人的清风高谊一直被视为佳话，至今仍为中国和智利媒体津津乐道。

　　多年以后，这条文学沟通的涓涓细流已日渐成长为奔涌的大河，成为两国交往中一道亮丽的风景。我于 2015 年赴智利任孔子学院拉丁美洲中心副主任后，策划了"中国作家讲坛""中国作家拉美驻城"等文学交流项目，30 多名中国作家和上百名智利作家、诗人因聂鲁达和艾青的召唤而走到一起，双方的文学交流得到了直接的推动和深化，而我本人作为活动的设计者、组织者和执行者，则成为这一段"新"历史的见证者。

"聂鲁达召唤我来到拉丁美洲"

2016 年，我打了十几个越洋电话，终于说服了中国著名作家、茅盾文学奖得主、四川省作家协会主席阿来访问智利和秘鲁。他说过："我并不是像一般的游客一样去所有人都要去的地方，尤其是去国外。"他选择要不要去一个国家，一定要先看自己是否通过文学的描述对那个国家的历史、现实有所了解，最好是这个国家的作家曾在他的文学之路上产生过影响。他承认巴勃罗·聂鲁达在他年轻时对他产生过很大的影响，因此才同意来智利。答应邀请的当天晚上，阿来从书柜最上层取下了聂鲁达的《诗歌总集》。需要说明的是，年轻时的阿来主要从事诗歌写作，后来才慢慢转向小说创作，而这本诗集购于 1984 年。

阿来已经 20 多年没有读过聂鲁达的作品，对于诗歌创作也已有些疏远。"但是重新阅读《诗歌总集》，我觉得我年轻时的那种感觉还在，年轻的时候想走向广阔的世界、向聂鲁达学习、把诗歌写得无限宽广的那种野心还在，所以就觉得我一定要来智利。"

2017 年，在中国到智利 30 多个小时的飞行途中，阿来几乎又把这本书重读了一遍。来到智利后，在圣地亚哥市中心孔子学院拉丁美洲中心的报告厅，阿来以"聂鲁达召唤我来到拉丁美洲"为题，向在座的青年学生和文学爱好者再次谈起那个重读聂鲁达的夜晚，以及聂鲁达对于当时的中国年轻作家和中国文学的深远影响。"20 世纪 40 年代，遭到当时智利政府通缉的聂鲁达在流亡时期写下的那本《诗歌总集》，对我的年轻时代具有重要的意义。"

回到中国后，阿来为智利之行写了一篇长篇随笔——《以一本诗作旅行指南》（此文已收录在本书中），题目所说的那本诗作正是聂鲁达的《诗歌总集》。

一部书的奇妙旅程

2017 年 1 月，我回国开会期间，买了一本当年出版并引起很大关注的《青鸟故事集》。这是中国著名作家、评论家李敬泽的新作。这部揭示了中西方文化早期交往过程中产生的误解误读、"看与被看"、偏见与转译等文化碰撞的跨文体"另类奇书"一下子就吸引住了我，让我欲罢不能，读后大呼过瘾。在一场北京的朋友聚会上，我随口把这本书推荐给了当时正在中国外文局工作的哥伦比亚青年汉学家罗豹鹿（Pablo Rodriguez Duran）。在另一场朋友聚会中，我得知中国图书进出口总公司刚刚拿到该书的版权代理，正在推动翻译成外文在海外出版。

回到智利不久，我就收到了罗豹鹿给我发来的超长信息，说这本书他也读得如痴如醉，爱不释手。我问他是否愿意将这本书翻译成西班牙文，他表示求之不得，要让西班牙语读者也能读到如此精彩的作品。听到他的话，我也很激动，对他说我愿意促成该书在拉美出版。

很快，罗豹鹿发来了两篇译文样章，我交给了智利最大的民营出版社——罗姆出版社社长保罗先生。保罗说他自己先读一下，出版的话，要先做选题，还需要提交编委会讨论。两个多星期之后，保罗给我打电话说，编委会一致通过，确定出版。我随即联系中图，告诉他们译者和海外出版全部搞定，中图的朋友喜出望外。4 月，中图和罗姆出版社顺利签订了该书的西班牙文版出版合同。

随后的时间里，罗豹鹿和我不时就翻译进度、难点和疑问进行沟通。罗豹鹿不止一次告诉我，他有时候越翻译越激动，不知不觉就跟着作者进入了文本考古的秘境，"我的灵魂简直与李敬泽的灵魂合二为一了，他的情感和思想占据了我全部的头脑"。罗豹鹿甚至考证出李敬泽、他、我三个人都属兔，本书的西班牙文版问世实属天意。

2018 年 1 月，西班牙文版《青鸟故事集》出版。2 月 5 日，孔子学院拉丁美洲中心为到访的李敬泽举办了西文版作品发布会。智利著名作家、前作家协会主席拉蒙·迪亚斯评论道："李敬泽的文字中，史实与幻想的对照贯穿始终。他驾轻就熟，将自己的阅读与中华文明、重大历史事件以及外国人书写中国虚虚实实的文学作品巧妙联结，迸出奇异的火花。一个个故事展示了中国的过去与当下，充满了奇闻轶事、历史场景和精妙的评判，引人入胜，亦发人深思。"我在现场主持了发布会，想到《青鸟故事集》西文版的翻译出版只用了短短九个月时间，不免有些感慨："这部书就像一只巨大的青鸟，作为传递一切美好的使者，得天时之庇护，短短九个月就从中文变身为西班牙文，真是妙不可言。"

李敬泽（中）访问智利作家协会，与智利作协主席里维拉（右）座谈。

"聂鲁达，我来了！"

2012 年诺贝尔文学奖得主莫言最喜欢的聂鲁达的作品是《二十首情诗和一支绝望的歌》。他在接受智利《信使报》采访时说："在北京师范大学国际写作中心的大厅里，摆放着一尊智利伟大诗人巴勃罗·聂鲁达的铜像。这是智利驻华大使馆送给我们的礼物，每天上班时我都会

2019 年 8 月，莫言在智利圣托马斯大学演讲。

看到'他'——睿智的目光、宽阔的额头，有一种不可侵犯的尊严。我经常在大厅里没人的时候用柔软洁净的白布擦拭铜像上的灰尘。我擦拭得很仔细，连耳朵眼儿都不漏过。我相信，在中国除了我之外没有人这样做过。我觉得他的诗充满力量，有一种与生命息息相关的、伟大的率直。他赋予性和爱以崇高和尊严。"

2019 年 8 月，我有幸协调了莫言先生的智利之行并全程陪同。为期八天的行程安排得满满的，包括波塔莱斯大学授予荣誉博士学位、智利国会电视台专访、智利圣托马斯大学演讲等，在智利掀起了"莫言风暴"。莫言的作品在他本人到来之前就全部售罄，他的每一场演讲都爆满，空前的盛况超过以往任何一场文学活动。

莫言在国会的专访有近 50 名作家和诗人到场。在谈到对智利的印象时，莫言说："一个会造酒的民族，是一个伟大的民族；一个会品酒

2019 年 8 月，莫言在黑岛与智利少年合影。

的民族，是一个有文化的民族。喝智利红酒，就是品智利文化。"现场的智利作家豪尔赫·洛佩斯说："这是宣传智利葡萄酒的绝妙广告词！"

每一位来访智利的中国作家，都一定要到聂鲁达故居参观，特别是位于黑岛的故居，莫言也不例外。我们到达黑岛故居时，正赶上一群小学生参观结束，从里面走出来。有几个孩子看到我们是中国人，很兴奋，围了上来。有一个小男孩，伸出手，握成拳头，手背朝着莫言示意。我赶忙解释，这是智利的一种朋友间的问候方式。莫言听后，马上也做出同样的动作，跟孩子的拳头顶在一起。我立刻用手机拍下了这张照片。

那天天气非常好，风和日丽，晴空万里。从黑岛故居出来后，我们意犹未尽，走到故居下方的海滩。莫言登上一块黑色的礁石，面对浩瀚的太平洋，望着远处水天一色，高声说道："大海，我来了！"然后转身面向故居，再一声："聂鲁达，我来了！"

致敬与交流

2018 年 7 月 24 日，中国诗人赵丽宏的诗歌朗诵会在位于黑岛的聂鲁达故居举行。这是中国诗人第一次在此举办朗诵会。赵丽宏首先朗诵了专门为此行写就的《盐和灯塔》，向聂鲁达致敬。听众掌声雷动，聂鲁达基金会黑岛故居负责人卡罗莱纳也深受触动，上台拥抱了赵丽宏。赵丽宏在诗中写道：

我曾经无数次遥望你的黑岛

想象那在海浪中屹立不倒的礁石

你是岛上的灯塔

映照着岁月的大海

流逝的时光无法湮没你的亮光

我看到你澄澈的光芒正在辐射

照亮人类心里每一个幽暗的角落

2018 年，赵丽宏在聂鲁达黑岛故居留言。

近年来踏上智利国土的中国作家，包括阿来在内，都把他们来到"天涯之国"的感受写进了作品里，比如韩少功《守住秘密的舞蹈》、王干《圣地亚哥》、武歆《瓦尔帕莱索的阳光》、沈浩波《羡慕聂鲁达》、明迪《新克罗》等，其中《守住秘密的舞蹈》还获得了 2017 年百花文学奖。诗人周瑟瑟在智利期间边走边写，共创作了 70 多首诗歌，累累的硕果结集成了 2019 年出版的诗集《世界尽头》，此处"世界尽头"即指智利。

的确，聂鲁达引领了中智文学的交流与沟通，他和阿连德等人于 1952 年创建的智中文化协会为两国的文学交流奠定了牢固的基石。有很多智利诗人，比如埃弗拉因·巴尔克罗、弗朗西斯科·克罗阿内、贡萨洛·罗哈斯等智利国家诗歌奖得主，都曾追随聂鲁达的脚步，来到中

2015 年，主持韩少功
与拉蒙·迪亚斯对话。

国访问、工作或生活。更巧的是，诗人阿曼多·乌里韦还被智利政府任命为第一任智利驻华大使。巴尔克罗写了一部关于中国的诗集《王国之风》，克罗阿内把在中国的所见所闻都写在了《剪纸》一书中。在中国生活过的智利小说家也不少，如赫尔曼·马林、维希尼亚·比达尔、波利·德拉诺和路易斯·恩里克·德拉诺。后两位是父子作家，回到智利后翻译出版了《中国短篇小说名作十篇》，其中包括鲁迅、茅盾、老舍和郁达夫的作品，是拉美最早集中译介中国现代文学的创举。

寻找波拉尼奥

莫言在智利的演讲中提到："我读过天才作家罗贝托·波拉尼奥的作品《荒野侦探》《2666》，我感到这是一位把自我和想象中的自我当成主要素材的作家，他浑浊，但气势磅礴，如同亚马孙河。"

波拉尼奥走进中国读者的视野，始于 2009 年《荒野侦探》中文版的问世。不过，这位智利文学巨匠在中国真正成为一个文学现象，还得益于 2011 年 11 月《2666》中文版的上市。这部书一问世便受到国内媒体的广泛关注，掀起了一股"波拉尼奥旋风"。据报道，第一版10万册在一个月内售罄，出版社制作的中文版封面手办（人物模型）也销售一空；上海成立了一家2666图书馆，定期开展《2666》读书会；在中国社交媒体上，读者对《2666》的热情更是高涨，每天都有网友晒自拍的《2666》封面照片、写下阅读心得；网友甚至自发展开了"搜寻身边的2666"行动，拍下包含数字"2666"的车牌、房间号、汽车里程上传到微博。2017年，《2666》被搬上了天津大剧院的舞台，12小时的大戏，气势如虹，从上午一直演到了临近午夜。中国导演毕赣2018年上映的电影《地球上最后的夜晚》，片名就取自波拉尼奥的同名短篇小说。波拉尼奥成为21世纪以来中国最大的拉美文学现象，被中国文艺青年评价为"最浪漫的绝望者""最成功的失败者""最受欢迎的边缘人"。他的作品以每年一到两部的节奏在中国翻译出版，延续至今，长盛不衰。没想到，2019年1月，我在智利圣地亚哥也加入了波拉尼奥的大合唱，陪同来访的中国作家张悦然进行了一次寻找波拉尼奥的小小探险。

张悦然是中国著名青年小说家，"80后"作家的代表人物之一，年少成名，曾被评为"最富才情的女作家"，文字灿烂、美好、蓬勃。早在2013年，我主编的西班牙语翻译工程——"中国当代文学精品"丛书就收录了她的《十爱》。她抵达智利第一天就告诉我，她是波拉尼奥迷，此次来到智利，希望能寻找到这位文学偶像的足迹。说实话，这一下把我难住了，因为波拉尼奥虽然在圣地亚哥出生，但是几乎没有在这座城市生活过，他15岁即跟家人远赴墨西哥城定居。我马上投入了调查和研究，发现他成长的地方，比如瓦尔帕莱索和洛桑赫来斯，今天已经没有任何线索可以查到波拉尼奥的踪迹。但张悦然远隔重洋来到智利，不甘抱憾，坚持让我再想想办法。终于，我检索到一条关键信息：1973年波拉尼奥曾短暂回国几个月，住在他的童年玩伴和好友、诗人哈伊麦·格萨达的家里。我通过作家朋友拿到了格萨达的联系方式，但是不巧，这位老兄告诉我，他正在智利北部度假，家中无人。

完全出乎意料的是，当我把这一切告诉张悦然时，她特别兴奋，问我道："能否请你带我去看看这个波拉尼奥住过的房子？"于是，在张悦然的智利行程结束的前一天，我驱车 30 多公里，从北到南穿过大半个圣地亚哥城，带她来到格萨达在拉西斯特纳区拉布兰卡街的家。直到驻足那座收留波拉尼奥的青蓝色智利典型民居门口，站在门外拍了几张照片，跟门内盛开的玫瑰和门外挂满果子的李子树打过招呼，才终于让我们的中国作家满意而归。

新的岛屿

2020 年 8 月 8 日，中国诗人周瑟瑟收到聂鲁达基金会执行主席费尔南多·萨艾思·加西亚先生的电子邮件："尊敬的诗人周瑟瑟先生，智利聂鲁达基金会非常荣幸地发给您收录了您作品的本期《笔记本》杂志。本期是献给中国诗人的特刊。这是本刊历史上第一次推出一个国家的诗歌专刊。感谢您赐稿，希望您喜欢本期中国当代诗歌专刊，并希望不久的将来能与您再次在智利相会。特别感谢孙新堂先生，是他成就了本期专刊。"

《笔记本》由智利聂鲁达基金会主办，是拉丁美洲发行量最大的诗歌杂志，在智利国内外具有广泛影响。刚刚出版的第 83 期封面用中文和西班牙文标注"中国当代诗歌专刊"，收录了 20 名中国当代诗人、作家的诗歌作品。诗歌采用中西双语对照，封面照片为聂鲁达在长城上，设计、插图均采用了大量中国元素。另外，本期专刊篇幅超过平时杂志的两倍，创下了杂志创刊以来的单期最厚纪录。巴勃罗·聂鲁达基金会主席劳尔·布尔内斯先生在本期特刊前言中写道：我们隆重推出《笔记本》杂志总第 83 期，本期以"中国当代诗歌专刊"形式庆祝中华人民共和国与智利共和国建交 50 周年，令人倍感欣慰。

这是我与《笔记本》主编、聂鲁达基金会外联部主任塔米姆·毛林半年多来通力合作结出的硕果。2019 年 9 月，我们二人相约咖啡馆，其间谈到，我刚刚为智利作家协会《辛普森七号》文学杂志办了一期中国文学专刊。毛林表示，《笔记本》杂志向我敞开大门，我非常高兴。就这样，我们商定，办一期中国当代诗歌专刊，向中智建交 50 周年献礼。随后，他把作品编选和翻译完全交给我，他负责设计、排版和校对。我们在 2020 年 3 月底编辑好了这一期"中国当代诗歌专刊"，由于疫情影响，杂志推迟到 8 月发布。

专刊很快越过智利国境，发行到了拉丁美洲其他西班牙语国家，在拉美地区产生了广泛反响。阿根廷著名诗人格莱茜拉·马图罗收到杂志后说，内容和设计非常精美，让人爱不释手，中西双语版更是个创举。哥伦比亚著名诗人何塞·迪亚斯·格拉纳多斯认为，专刊意义重大，丰富了我们时代的文学认知。哥伦比亚作家、汉学家、塔德奥大学中国研究中心主任恩里克·波萨达教授说，杂志设计精美，译文完美，双语出版对于汉语学习和中国研究来说都是难得的文献。墨西哥汉学家拉嫡娜认为，在拉美严重的疫情防控期间，出版这本专刊比任何时候都更显珍贵，是对世界诗歌对话的一大贡献。

中国著名诗人、《扬子江》诗刊主编胡弦表示：《笔记本》中国当代诗歌专刊的出版，数十位中国诗人作品的集体亮相，是一个耀眼的文学事件。它像一个新的岛屿的诞生，通过它，远在地球另一侧的人们，也许已望见了一个诗歌大陆隐约浮现的身影。诗人周瑟瑟认为，本期专刊把中国与拉美诗歌交流推到了一个新的高度，如此大规模把中国当代诗歌向拉美推广，这是第一次。诗人沈浩波拿到样刊后说："孙新堂硬生生地在中国和拉美之间架起了一座诗歌桥。"

不是尾声

文学是文化的重要组成部分，是文化传承的载体，也是促进民心相通，让世界各民族相互理解、和谐共存，推动世界共同发展的真实力量。中国作家、茅盾文学奖得主徐则臣说："一个国家最有用的说明书，不是旅游册子，不是政治报告，而是文学作品；一个国家最好的地图，不是标有比例尺的一张图，而是文学！"智利哲学家、波塔莱斯大学校长卡洛斯·裴尼亚在给莫言授予荣誉博士学位的仪式上表示："过去有人说，各种文化之间是难以相互通约的，由于时间的束缚和空间的距离，使得差异较大的文化之间难以甚至不可能沟通。而莫言的作品证明这一论述是错误的，因为人类拥有文学这一馈赠，它可以打破隔离。"

2015 年，主持徐则臣在智利孔子学院拉丁美洲中心的讲座。

我在智利工作五年，有幸成为中智文学交流的推动者，为这项崇高的事业贡献一份力量，并欣喜地看到两国文学交往风生水起。正如我在《笔记本》中国当代诗歌专刊的前言中所写："这是跟随聂鲁达和艾青的脚步，进行中拉诗歌和文学交流的最佳途径，假如聂鲁达本人在世，定会乐见这一成果。"中智乃至中拉文学交流，未来可期，大有可为，我对此满怀期待。

以一本诗作旅行指南（节选）

阿来（中国作家、四川省作家协会主席）

　　2017 年 6 月，我应孔子学院拉丁美洲中心之邀，从成都飞往智利圣地亚哥。

　　行前我就想，关于智利，该带本什么样的书？对我来说，除了巴勃罗·聂鲁达的作品，难道还有关于智利的更好的书？

　　飞机爬升时，朝阳正破云而出。我打开聂鲁达的《诗歌总集》（王央乐译，上海文艺出版社 1984 年版），心绪似乎已飞到了安第斯山脉中，在那些印加和马普切废墟层层叠叠的石头上了。这部诗集结集于 1949 年，那是诗人处于逃亡状态中的一年。他在这本书的结尾这样写道：

　　这本书就在这里结束，在这里 / 我留下我的《漫歌集》，它是在 / 迫害中写成，在我祖国 / 地下的羽翼保护下唱出。/ 今天是一九四九年二月五日，/ 在智利，在戈杜马·德·契纳，/ 在我年龄将满四十五岁的 / 前几个月。（《我是》）

　　他这本诗集叙写的都是拉丁美洲重要的史实和真实的地理与人物，但却并不因此使得修辞变得拘束起来。他也没有因为受到迫害，在逃亡过程中变得抑郁与悲观。他还是自由而达观地歌唱着：

　　我是警察追捕的逃亡者。/ 在明净的时刻，在寂寞的繁星之下，/ 我穿过城市，森林，/ 村落，港口；/ 从一个人的家门走向另一个人的家门，

/ 从一个人的手转向另一个人的手。/ 黑夜是那么肃穆，但是人们 / 已经放置了他们友好的信号。（《逃亡者》）

我在这个刻意制造的夜晚重新进入了聂鲁达的世界。

这本书，20 多岁时我经常背着它外出，尤其是背着它到大自然中去：骑马时，在背上；徒步时，在背上；在那些崎岖的山间公路上颠簸时，它也常在身边。这本书有些旧了，有些页码上还留有那时留下的一些特别痕迹：一团黯淡了的青草汁液，一朵花更加隐约的印记。那时，我把花朵夹在他描写爱情的动人诗句中间。那时，惠特曼和聂鲁达是我描绘大自然和人类社会的教科书。我喜欢那样的风格：宽广、舒展、雄壮，而且绝不被令人悲伤的事实所压倒。那不是简单声张的乐观主义，而是出于对人性与历史的崇高信仰。

《诗歌总集》由 15 首长诗构成。第一首《大地上的灯》，写的是殖民者发现和命名之前的拉丁美洲。那时的时代，聂鲁达的说法是："在礼服和假发到来之前……"那时的世界，聂鲁达的说法是："我的没有名字的、不叫亚美利加的大地。"

一切开始变得有些恍惚。我读那些描写纵横拉美大地的河流的诗句，恍然真有河流在山影中轰鸣，而不是飞机引擎在轰轰作响。

他写低垂于南半球荒野上的星光，我仿佛就躺在那些星光下面，天空清清冷冷像一块露，又像一片霜。

醒来，打开的诗集压在胸上。

我又举起书来读了一些句子，关于岩石，关于花朵，关于一片大陆所有的一切。我又睡着了，睡在诗歌的情境中。再醒来，我打开了电脑。我突然起意，要把沿途读这些诗句和在这些诗句的指引下游历智利、游历南美的经过记录下来。文章的题目或许可以叫《以一本诗作为旅行指南》。今天是专业知识与技术泛滥的时代。泛滥到什么程度？那就是在大地上行走，在人世间体验这种事情，也弄出来很多专家。专家看了这样的题目肯定会很光火。一本诗作指南？那要我们这些专业人员做什么？这次我就冒险冒犯一次，不靠旅游指南，而只靠一本诗的指引。

再登机，目的地真的是智利了。早晨醒来，舷窗外又是一片紫红的霞光。霞光依着参差的山脊。山脊下还是一片黑暗。这时是凌晨5点。我知道，那一定就是安第斯山脉了。

只有山岭，其突兀的起伏之中，/飞鹰或积雪仿佛一动不动。（《大地上的灯》）

这样的高度，见不到飞鹰，但积雪的确在机翼下无穷无尽地铺展。飞机一头扎进了云层。我闭上眼，想象走出机舱门那一瞬间，涌到眼前的该是南美洲大地怎样强烈的阳光与气息。对这片大陆，我总有着浪漫而热烈的想象。

机舱门开了。廊桥缓缓伸向机舱门。没有阳光，而是冰冷的雾气在弥漫。此时正是南半球的冬天。

在酒店安顿好，我急切地走到街上。

高大的悬铃木落尽了叶子，剩下很多黑色的果子在枝头无声悬垂。另一条街，楤木挂着更多的果实。聂鲁达就是在这个城市里开始了他的诗歌之旅：

后来我来到了首都，迷迷糊糊地/渗透着烟雾和细雨。/这几条是什么街？/一九二一年的服装挤挤攘攘，/在煤气、咖啡、人行道的强烈气味之间。/我在学生里面生活，不能理解/四周的墙壁专注于我，每天傍晚/在我可怜的诗歌里寻找树枝，/寻找失去的水滴和月亮。（《我是》）

来来往往的人，表情生动，形态多样，带着不同种族或者明显或者模糊的印记，但没有我料想的有那么多印第安人印记。这也是有缘故的。这里不是古代印加帝国的中心，人口相对稀少。加之当地印第安部落非常强悍，不畏生死，对入侵的西班牙殖民军拼死抵抗，战后，剩下的人口就更加稀少了，并退到了这个国家的边远地带。

这让我想到一个问题：聂鲁达以及与他差不多同一时代的那些拉美作家，阿斯图里亚斯、卡彭铁尔和马尔克斯他们，其实都是西班牙殖民者的后代，不仅血缘上是，文化上更是如此。即便是也有过一些印第安血缘的渗入，但主要还是来自老欧洲的血缘。

在他们的文化意识中，主体的部分还是欧洲文化的底子，但他们从什么时候产生了这样的意识变化：认为自己直接上承了印第安文化的传统，并将其视为树立自己拉丁美洲意识的重要精神资源？这种本土意识是从自己这一代开始，还是从更早的拉美国家摆脱殖民统治、建立独立国家时就已经萌芽？无论如何，找到这个立场，他就找到了真正的诗歌。

在这没有名字的亚美利加深处，／是在令人头昏目眩的／大水之间的阿劳科人，／他们远离着这个星球的一切寒冷。（《大地上的灯》）

聂鲁达身上会有一点阿劳科人的血统吗？或者别的印第安族群的血统？我只是这么小小地猜想一下。记得看过一篇西班牙诗人希梅内斯的文章，他问聂鲁达这个殖民者的后代什么时候成了印第安人的代表？希梅内斯作为曾经的南美殖民地宗主国的诗人，对聂鲁达、对聂鲁达们这种拉美本土意识的产生是持怀疑态度的。但我对他们这种意识的产生由衷敬佩。他们没有选择站在祖先一边，而是选择站在被他们的祖先蹂躏的文化一边。聂鲁达在诗中所鞭挞、所控诉的，正是他们祖先的暴行：

阿尔瓦拉多，用爪子和刀子／扑进茅屋，摧毁了／银匠的祖业，／劫掠了部落婚姻的玫瑰，／袭击了氏族，财产，宗教。／他是盗匪收藏赃物的箱柜；／他是死亡的不露面的猎鹰。（《征服者》）

我在安详宁静的圣地亚哥城中行走时，心里回荡着这些诗句。这些诗句记录和反省的是这片南方大陆上演过的真实的血腥历史。

孔子学院安排周到，请来聂鲁达基金会的塔米姆先生。他送我一本基金会会刊，那上面罗列着基金会的主要工作：组织诗歌活动、资助诗歌出版。我关心的是基金会资金的来源，是社会捐助还是政府拨款？他说，没有政府拨款，会有一些社会捐助。主要的收入来自聂鲁达故居的门票。聂鲁达故居在智利一共有三处：一处在黑岛，一处在瓦尔帕莱索，一处就在圣地亚哥城中。塔米姆先生说，这三处故居一年共有30万人参观。我帮他算了笔账，光门票收入一项，一年就是人民币1000多万元，足可支撑基金会的良性运转。我说，我也要用参观故居的方式为聂鲁达基金会增加一些收入。塔米姆笑笑，没有说话。

我想这符合聂鲁达的意思。他在写于1949年的《我是》这首诗中写了两节名为《遗嘱》的诗，就表达了要惠及年轻诗人的意思：

我把我的旧书，／从世界上的角落里收集来的／庄严地印刷令人起敬的旧书／遗赠给亚美利加新的诗人，／他们有一天／会在暂停的嘶哑的织机上／纺织明天的意义。

塔米姆戴着围巾，吃热了，解开一条，里面还围着一条。塔米姆还拿出一张A4纸来，让我题字留念。我写了句倾慕聂鲁达的话。

聂鲁达故居背靠有名的圣母山，前面是山间平原上的圣地亚哥城。城的东边，是拔地而起的安第斯山脉。我们到达的时候，阳光正在驱散浓重的雾气。城市、城市尽头的雪山都渐渐显现在眼前。

阿来接受智利南方
电视台的采访。

　　拐过一条小街，经过了几株巨型的仙人掌、几株树，经过两三面有五彩涂鸦的墙壁，故居到了。我往一扇铁门里张望时，一个过路青年做手势让我继续向前。那个年轻人跟很多我遇见的智利人一样，笑容灿烂。看来，这条街道上的人都知道陌生的游客到这里是要寻找什么。

　　再前行几步，是几级半圆形的阶梯，透着点古希腊风格圆形剧场看台的味道。阶梯后竖着的几根光滑明亮的金属柱子，又立即破掉了这种味道。登上这些台阶，绕过金属柱子，这回，我可以肯定聂鲁达故居真的到了。

　　卖门票的前厅，故居的工作人员看有中国人来了，说塔米姆先生来过电话，如果是阿来先生一行，不用买票。

　　我随身携带的《诗歌总集》附录的"生平年表"也提到了这座故居：

　　1955年——与德利亚·德尔·卡里尔离异。同年，住宅"拉·却斯科纳"落成，与马蒂尔德·乌鲁蒂亚女士迁入新居。

聂鲁达以爱情诗登上文坛，那是流行世界的《二十首情诗与一首绝望的歌》。以后，他找到了更宽阔的表达空间，但也在继续歌唱爱情，依然是热腾腾的有身体在场、有身体投入的爱情。

你啊，你比蜜甜，比阴暗里／爱恋的肉体，更甜，更无止境；／从另一些日子，你出现，／在你的杯子里装满／沉重的花粉，那么快活／……（《我是》）

故居里有一幅风景画。从画面中城东尽头的雪山来看，描绘的正是从这座房子窗前看到的景象。那时，故居前还没有街道，没有密集的建筑，而是一片怡人的点缀着棕榈树的旷野。

聂鲁达诗歌风格多样，摇曳多姿，不是固定于一种风格去表达不同的题材（像大多数精雕细刻的诗人通常做的那样），而是根据不同题材的需要尽情地自由地运用各种修辞。他这种随心所欲、自由不羁的做派也体现在他居所的建筑上。这座住宅是由他自己设计的。他偏偏选择了平地尽头的山坡，而且这山坡还颇为陡峭，坡度应该在 30 度以上吧。从右手进入院门，先得稍微往下几级。那是一座狭长的房屋。聂鲁达喜欢海洋，这座房子就模仿了船的形状。从外面看不出船的意思，只觉得房子太过低矮，我这样的个子也要弯了腰进门。进去了，这才真感觉是一艘船的舱房了。长条的桌子两边至少排列着十几把椅子，说明主人是个好客的人，也说明这里曾是圣地亚哥城中一个热闹的去处。游客正络绎进入，挤满了房间。他们表情严肃地举着电子导游机，戴着耳机，听着在这个房间里曾经发生的趣闻轶事。餐厅尽头有一扇小门，推开门是一个小房间，里面陈设着一些瓷器。一道狭窄的楼梯旋转而下，我想下去，但被工作人员坚决拦阻了。我的翻译听着耳机，同时把听来的西班牙语译成汉语给我，说聂鲁达有时也烦于应酬，就会趁客人不注意从这道小门悄悄溜走。哦，如果只从他的诗歌看，聂鲁达是喜欢喧闹的。何况，当美食铺陈，美酒在身体中持续发酵，本身就欢快响亮的西班牙语在这狭长的空间中响起，人们纵论诗歌、艺术、政治、爱情，但他还是会有厌倦袭上心头。他打开那扇小门，走下那道狭窄的旋梯，然后，又去向哪里？或许有一个地方可以独自眺望城中灯火，或者是一间密室，没有灯，没有光，只有黑暗，诗人躬身坐下，俯察自己的内心，却看到了幽微的光，看到越来越强的光明。

诗人曾经频繁周游世界。这个船形餐厅的两厢陈放着许多诗人从世界各地带回的与海洋有关的纪念品。

聂鲁达造房子真是随心所欲！船舱形餐厅是一座房子。出来，坡上，陡峭的楼梯通向另一座房子，墙壁是蓝绿色，有点像塔楼的形状。

沿楼梯爬上去，进入一个不规则的房间。空间不规则，家具也故意不规则。站在落地窗前，居高临下，部分圣地亚哥城以及城背后的雪山就尽收眼底了。这有点像在船长室中看尽风生云起的感觉。这座房子是孤立的。出门，路径曲折，经过一些花草树木，一丛芦荟正在开花。硕大的花朵呈宝塔形，也可以看作火炬形，就视看花人怀着怎样的心情了。聂鲁达当年看到此花开放，想必是看成火炬的吧，不论是出于革命的还是爱情的激越。

再一座独立房子是酒吧，里面也有超现实的光怪陆离的陈设。比如，一双超大尺码（三四倍寻常鞋子那么大）、特别定制来的鞋子，随意放在酒吧的地上。再走山坡路，到了他的书房。这里有些陈列：不多的手稿，不同版本的诗集。有一本中文的，是台湾早年出的《二十首情诗与一首绝望的歌》。没有简体中文的书。我想了一下，要把背着的这本《诗歌总集》留在那里，再想，这几天里读什么呢？便把这念头打消了。

最后的节目，是看一段有关聂鲁达生平的视频。其实我不太需要看这些东西。一个诗人出名了，他在演讲，他在领奖，他在喜欢他的读者，他在享受成功的荣光。我倒宁肯去读他那些诗，宁肯知道他的诗歌背后那些磨砺、那些痛苦。那是诗人的盐。聂鲁达就喜欢在诗里写到盐。

盐取代了崇山峻岭的光辉，/ 把树叶上的雨滴，/ 变成了石英的衣服……（《大地上的灯》）

但在这段视频中，有最大的一撮盐。那一年，我 13 岁，在中国报纸上读到过这个故事。左翼的阿连德总统被发动武装政变的右翼军人包围在总统府，阿连德总统誓死不降。从中国报纸上读到的消息是，阿连德总统手持冲锋枪战死。自那时起，阿连德在我心中就是一个英雄形象。现在，这个过程在一段黑白视频中真实呈现出来。总统府正被政变军队围攻。地面是坦克大炮，空中还有战斗机低空掠过发射火箭弹，总统府被滚滚硝烟笼罩。看到当年一条遥远传说一样的消息变成了残酷的战争实景，我尝到了盐的苦涩，感到了某种盐一样的结晶硌着神经的痛楚。这是 1973 年 9 月 11 日，那一年我 13 岁，阿连德总统在硝烟中倒下。仅仅 12 天过后，9 月 23 日，聂鲁达病逝于圣地亚哥，时年 69 岁。

解说词说，自 1973 年政变发生，聂鲁达逝世后，故居也被毁损。后来，遗孀乌鲁蒂亚在政治生态允许后，其余生就致力于这所毁败建筑的恢复。也就是说，故居中很多物件也不一定是当年的旧物件了。如此说来，这故居与其说是一个真实的存在，倒不如说是一个女人对一个人、对一个时代的深长记忆。至少，故居纪念了一段轰轰烈烈的爱情。

仅仅不过是爱情，在一个气泡的 / 空虚里，死亡的街道的爱情，/ 爱情，当一切都死了的时候，/ 只给我们留下燃烧的角落。（《我是》）

回程中，见到一幢威严的殖民时期建筑，就是刚才故居视频中被坦克轰飞机炸、当任总统死在里面的那个总统府。当年政变的领导人很快就修复了它，自己搬进去当了智利历史上任期最长的总统。总统府门口，无风，国旗低垂。卫兵们正在换岗。卫兵们肤色黝黑，又有西班牙人的鲜明轮廓。这种西班牙风格的广场上少不得会有一尊雕像。

南美大陆，这样的广场上多立着马上英雄。这里的金属雕像早已氧化成黑色，却不知他姓甚名谁，想必应该是该国独立时期的开国英雄吧。

次日夜里，在孔子学院拉美中心作一个演讲，题目是早定好的——《聂鲁达召唤我来到拉丁美洲》。

年轻时我就喜爱聂鲁达，有一阵子喜欢的程度仅次于惠特曼。后来慢慢不读了，但这次出行，拿起来还不觉得这中间已经隔了差不多30年时间。

我去某国某地旅行，不太读那些旅行指南一类的东西，而愿意读他们的文学。没读过那里的文学，去了，就是一个啥也不知道的游客。

这样的讲法，也可让异国听众明白，如今的中国人真的是虚心学习——不光学欧洲和美国，地无分远近，国无分大小，有好的，我们都学。

驱车100多公里去瓦尔帕莱索。

聂鲁达说："圣地亚哥是被冰雪高墙囚禁的城市。瓦尔帕莱索却向茫茫的大海……敞开了大门。"

去看太平洋。去看聂鲁达的第二个故居。按计划，沿海岸公路20多公里，走走停停，看太平洋的风景，然后，去广播电台接受采访。主持人迟到了——和这里很多人一样，他对迟到如此之久并不抱有歉意。逼仄的播音间里居然挤进了四个人。主持人、我、当翻译的孙新堂和圣托马斯大学的莉莲女士。西班牙语好听，但有些冗长。一句汉语过去，会变成一句半到两句不等的样子。从电台出来，已经没有去聂鲁达故居的时间了。我们必须赶100多公里路回到圣地亚哥，6点半在天主教大学还有一个演讲。

离开的时候，夕阳正坠向西边的大海。蔚蓝的大海在身后闪闪发光。

瓦尔帕莱索的海，／孤独的夜晚的光波，／大洋的窗户，从中／探

阿来接受瓦尔帕莱索广播
电台采访并参与直播活动。

阿来在智利天主教大学孔
子学院演讲。

出了我祖国的身姿，／仍然用瞎眼在张望。（《智利的诗歌总集》）

我们也迟到了。智利天主教大学的讲座，我迟到了半个小时。

我在讲座中说，我其实不大关心这个国家有多大面积、多少人口、多少矿藏，我关心的是这个国家的文学怎么书写他们的地理、他们的树木花草、他们的人民、他们人民的生活。文学家应该以文学的方式进入一个国度。今天，我就在瓦尔帕莱索的海边拍摄了不少照片：肉质叶的松叶菊、岩石间的仙人掌、海鸥、海狮、沙滩和波浪。

这些都是智利，聂鲁达的智利。

我和智利的故事
——赴一场春天的约会

金洋洋（自由摄影师、独立撰稿人）

　　我是一个讲故事的人，用文字、图片讲述拉美这片遥远大陆上的奇遇。23岁的时候，我第二次去尼泊尔和珠峰。也许是因为当时北方天空正悬挂着遥远的猎户座，面对浩瀚天地，我第一次觉得自身渺小。于是，在从西藏回上海的火车上，我突然有了一个念头：去世界上最远的地方。

　　没给自己留退路，回到上海我就从外企辞职，报了西班牙语课作准备。我想知道抛掉公司的职位、头衔，作为独立的个体可以活成什么样，人生是不是可以有另一种可能性？答案是有的，比朝九晚五的生活更精彩，也更艰难。2014年4月，苦练三个月西语后，24岁的我踏上了拉美大陆。没有诗和远方，我用脚步丈量着拉美的土地，收集着各种见闻和故事：关于旅行、关于梦想、关于人文。我的世界里再没有水泥森林，有的是阿塔卡马沙漠的璀璨星辰、遗世独立的复活节岛；没有格子间从早到晚的束缚，有的是在百内公园徒步的放空，在智利酒庄品尝美酿的体验。Chile和China，名字如此接近的两个国家，却隔着最遥远的距离。来智利的第一年，我从义工开始做起，在当地大学的交流项目中适应语言环境。拉美的价值观和文化跟中国差异巨大，我花了大把时间让自己投入进去，并在网络上记录和分享途中的点滴。

独在异乡，我不是异客

在遥远的南美，我也有了自己的家。第一次做南美义工，是和其他志愿者们为智利地震灾区盖房子。新家落成的那天，女主人郑重地在入口处挂上了我送的中国结——正如它的寓意，保佑灾区人民吉祥如意。

1960 年，一场里氏 9.5 级的大地震摧毁了瓦尔迪维亚。这次人类有仪器记录以来最大规模的地震就发生在智利——一个命运永远与地震纠缠在一起的国家。很多城市因为地震而遭到严重破坏，当地一些靠天吃饭的居民流离失所……于是，民间出现了各类非政府组织，其中规模最大、最有社会影响力的就是屋顶（Techo）。大学生们一马当先，成了主力军，每到寒暑假都有成批的大学生自发加入。

2014 年 7 月，智利一年中最冷的季节，此时距离我抵达智利已有三个月。在智利人家里寄宿的经历让我的西语水平突飞猛进。我带着一腔热血，主动加入了大学生队伍，成为南部义工项目的一名志愿者。我参加的项目位于智利南部城市科布克库拉（Cobquecura），为期 12 天，内容是帮助地震灾区重建家园——简单地说，就是盖房子。100 多位大学生志愿者浩浩荡荡坐满了两辆大巴。

一路颠簸，我们到达了基地。这是科布克库拉当地一所简陋的寄宿学校，学生们放寒假回家了，正好借给我们作为大本营。为了保证项目的顺利开展，有专职的项目组负责所有的后勤、联络、协调、行政、联欢等工作。100 多位志愿者被分为 11 组，每组都配有组长和组长助理。10 天时间，每组都需要在指定项目点盖完一栋房子。

我们要帮助的一家因为没了房子，夫妻俩和孩子们只能借住在不同的亲戚家。等我们盖了新房，他们就可以一家团聚了。组员们研究平面图，考察地形，商量策略。

　　打桩是个极其繁琐的工作。每个桩点都需要反复测量、精确计算。有时候花了数小时敲定的点，却因一点点误差就推翻重来。开始的整整两天时间，我们一直在埋头作业，终于完成了外边围的桩点。铺防潮层需要特别小心，一旦不小心被划破，防潮层就如同废纸。我们没有多余的材料，必须一次过关。搭屋顶是最开心的环节，每个人都可以爬得高高的，远眺整片农场。回想这些日子里，每个人都拼尽了全力，累了就默默躲到一边稍作休息，经常是累到在哪里都可以睡着的状态。组长心疼大家，看大家睡着了，他就默默地完成其他人的工作，自己不休息也不忍心去叫醒我们。在这样一个让你无法不喜欢、无法不感动的团队里，我们互相拥抱，互相给予力量。

　　离开前的晚上，我们点起了篝火。我一个人偷偷地顺着梯子爬上了刚刚搭建好的屋顶。躺在屋顶看星星的感觉特别棒，忍不住想：世界另一端的你们，都好吗？

　　拔地而起的新房落成了，我们郑重地举行了新房的剪彩仪式，尼柯（Nico）和主人们做了钥匙交接。我在新家挂上了中国结，保佑这一家人健健康康、平安快乐。

　　女主人就像妈妈一样，每天照顾我们这群孩子。她虽然不富有，但把最好的都拿出来招待我们。每天的午饭，她都想着法子让我们吃得好一些，再好一些。每天清晨，她会在项目点早早地等着我们，然后给我们一个大大的温暖的拥抱。她最喜欢我，每天都心疼地问我是不是太辛苦了。她总喜欢骄傲地和大家炫耀说，她有一个中国的女儿，特别棒！

　　项目结束后，我又陆续参加了一些义工项目。医学院的学生会定期去为孩子们体检，而我就经常跟组同行，陪孩子们玩，教他们中文，完全没有感到语言和地域的隔阂。至今我仍想念这些可爱和温暖的人！

我有一个梦想

智利首都圣地亚哥的火车站区域，聚集着大大小小数不清的华商店铺。有这样一家不起眼的小店，也许从外面经过你根本不会注意，但里面却有着一个温暖的故事。

在圣地亚哥坐地铁 1 号线来到 U.L.A（Unión Latino Americano）站。据情报显示，这里有一家令身在南美的中国旅人魂牵梦萦的小店。于是我抱着朝圣的心情前往拜访。老板自称芭乐哥，西语写作 Bala。芭乐哥在背包圈里很有名气，尤其是在南美旅行的中国背包客中间。每次有国内的朋友来，老板都会热情地端上奶茶或是炸鸡，让身心疲倦的旅人们感受到家的味道和温暖。时间长了，名气越来越大，店里索性就放了一本备忘录，背包客们纷纷留言纪念。不仅是在店里，脸书（Facebook）上也经常传来大家浓浓的感激之情。

来来往往的背包客们到这里就像回到了家，拉着芭乐哥说起了一路南美旅行的酸甜苦辣：被偷东西的，错过大巴的，或是漂泊太久了想家的。芭乐哥总是乐呵呵地当他们的忠实听众，为他们送上暖茶。这么温暖的地方，难怪大家都要争着和老板合影留念呢。

芭乐哥原名张育诚，但他还有另一个更广为人知的名字——鸡排哥。鸡排哥大学毕业后当起了英语教材业务员，一路努力升到主管职位。但他心中一直有个外派梦：到国外工作，体验不同的生活。于是，他辞去工作，到外贸公司从基层做起，最后被派驻巴拿马分公司。三年半后，他被挖角到智利。虽然表现不俗，但因为与老板理念不合，他决定自己创业。不过，他放弃了贸易，选择餐饮。"Pollo Chang & Babolti"炸鸡和珍珠奶茶店就是从这样一家不起眼的店面起步的。

起步总是艰难的，因为让智利人接受一样新事物的困难程度远比想象的要大很多。刚开始营业时，常常等不到客人。为了吸引人潮，鸡排哥在街头分送茶饮，加上人缘好，许多朋友帮忙，渐渐树起了口碑，成功地在火车站商圈站稳脚跟。时间长了，店里的品种也越来越多：炸鸡排、珍珠奶茶、鸡米花、炸豆腐、香肠……鸡排哥每年回家探亲，还不忘记学习新的技术，为店里研发新的品种。2018 年新年一过，鸡排哥就推出了豆浆和豆花系列，豆子都是从加拿大进口的。当被问到为什么选这么高成本的食材，鸡排哥淡淡一笑：孩子们都爱吃，质量可不能差了。几年过去了，现在的小小店面总是大排长龙，鸡排哥也有了 6 家分店。

鸡排哥的两次转行，几乎得不到朋友的认同和支持，但他却能坚持自己内心所想，一步步前进。更难能可贵的是，他并没有满足于现状而沾沾自喜，他有个更大的梦想在酝酿。第一次见到他的时候，他还有些犹豫。时隔大半年，他已经很坚定而自豪地告诉我，他要做中南美第一家品牌连锁的炸鸡店。

他会去美国进修深造，学习更先进的管理技术。他的理念是，自己成功也要带动员工们共同致富，这样才会是共赢的最好结果。看着他闪烁着光芒的眼睛，我仿佛已经看到了他所描绘的画面。我知道，他一定会做到的！

梦想再大，他也会惦记着背包客，惦记着员工和朋友。做一个有温度的梦想家，才可能成为真正的好老板和值得信赖的朋友。让我们为他的梦想喝彩，期待着中南美炸鸡连锁店开张的那天！

下次有机会来智利，记得过来吃块炸鸡，喝上一杯奶茶哦！

2016 年 2 月 14 日的智利番茄大战。

一个讲故事的人

旅居智利的这些年，我的足迹遍布拉美各国。我从最遥远的国度智利开始探索世界，深入探访原住民文化和特色民俗，分享最美的自然风光和最地道的风土人情。我是一个讲故事的人。因为西班牙语还算地道，我很长一段时间都在做导游和领队，在带团的过程中积累了大量素材。不工作的时候，我也会带着相机，去参加各种南美民俗和宗教节日：智利"9·11"纪念日（1973 年皮诺切特政变）、安第斯人的民族联欢、88 公里朝圣的虔诚祈福、血色狂欢的西红柿大战、"丧尸"来袭的街头派对、巴塔哥尼亚冰川的前世今生……

每年的 12 月 8 日，智利最大的朝圣活动从圣地亚哥的 68 号公路绵延到洛瓦斯克斯（Lo Vásquez）教堂。脚踩地狱、心在天堂的朝圣者们不仅是为了庆祝圣母玛利亚获得无原罪恩赐，也是通过徒步或者骑

2016 年的智利 88 公里朝圣。

行的方式来表达对圣母的崇敬，完成心中的祈福。2018 年 12 月 7 日晚 8 点，我的拉美朝圣之旅正式开始，全程 80 多公里，历时十几小时。从黑夜走到白天，从日落走到日出，一人俩相机一个背包，完成了我的朝圣之路。

一路朝圣，让我惊喜的是竟然遇到了同胞。本来在拉美碰到中国人的概率就不高，更何况是这样很本地化的朝圣活动。所以，当听到有人讲中文的时候，意外之余倍感亲切。五个男孩很开朗，也很健谈。聊天之后了解到，原来他们是智利华人义务巡逻队的成员，其中还有一名是队长。智利近几年的治安不如以前，当地的热血侨胞自发组织了一支民间义务安全巡逻队，来保障当地华侨的安全。他们骑行 5 小时，近 80 公里路程，当天凌晨就要赶回去。一群热血青年相遇，自然是打了不少鸡血。

而朝圣路上的其他人呢？73 岁的胡安·冈萨雷斯（Juan González）

从 6 岁起每年都会来朝圣。第一次是他父亲带他来的，之后这便成了每年必修的功课，祈福还愿再祈福再还愿。他说，圣母玛利亚每年都可以帮他实现心愿。今天他来，就是为了给他和他姐姐的健康祈福。他的膝盖疼痛一直无法缓解，姐姐也卧病在床。过去几十年的朝圣，都是他的妻子陪他前来。三年前，他的妻子去世了，他只能独自完成剩下的行程。伊雷内·伊达尔戈（Irene Hidalgo）是第一次参加朝圣。他说自己的视力出了问题，未来很有可能看不到东西了，但这就是生活。他想感谢圣母玛利亚，是她让一切有了好转。他是独自从维尼亚（Viña del Mar）坐大巴过来的。他想要点燃手里的蜡烛，送上花束。他希望自己明年可以再来，但这也取决于他的健康状况。

经历十几小时的艰难后，我在洛瓦斯克斯教堂看到人山人海的虔诚信徒们手握点燃的蜡烛，跪拜前行，一步一步。那样的震撼，唯有亲眼所见才能感受。

赴一场春天的约会

旅居智利的生活很简单，让我可以纯粹地坚持自己的方向。生活让我更豁达，没有浮躁，也不计较得失。我经历孤独，经历不被理解，也时时体验着生活的真实和残酷。我也感受到温暖，感谢智利的朋友们一次次雪中送炭，感谢我最伟大的父母和家人可以一如既往地理解和支持我的选择。一路走来，我更欣喜地发现，生活给了我越来越多的可能性和惊喜，我可以做的还有很多。

我想学习别人是如何过完这一生的。我想写下他人的故事。总有一天，我会帮助那些偶尔处于黑暗中的人们，就像他们曾经鼓舞过我一样。我要做好准备随时出发，前往自己的下一个目的地，前往黑暗与恐惧的

2019 年拍摄的智利百内国家公园。

边缘，前往文明的光亮未曾触及的地方，那里的天空有老鹰追逐月亮，那里的大地有神灵眷顾，那里的人有涉世之初的淳朴，他们的双眼可以照耀太阳与月亮。我要用镜头把世界未知的大门打开，活在他人的故事里，让我们遗忘的自然之光照耀进来。

旅行是一场没有尽头的惊喜，行程中永远有我们期待以外的东西；而一旦我们踏上旅程，时空的洪流会把我们带到一个做决定时从没想到的地方，让出现在风景之前的我们，无法不虔诚地欢欣鼓舞。阿兰·德波顿在《旅行的艺术》里说，现实的生活正像是缠绕在一起的长长的胶卷，我们的回忆和期待只不过是选择其中的精彩图片。而旅行，就像在新鲜的风景中不断地为我们摘取那一路的惊喜。

抵达智利的第三年，这些量变产生质变，我出版了《拉丁美洲路影记》，一直以来积累的文字和图片，终于付梓成一本实物。就像有一次徒步百内公园，看到日出的那一刻，我心里告诉自己："只要继续往前走，走下去，天自然会亮。"

不是所有背井离乡的流浪都具有美学意义，因为当伴奏停止、键盘停下，我们总还要面对的是枯井般安静的生活本身。但是，但是……我想说的是，无论眼前抑或远方，无论作何选择，唯有身心合一才不辜负韶华。没有一个今天，有机会被重复；没有一个明天，经得起被等待。我们只能用足够的勇气和完全的膂力，来赴一场生命之春的约会。

文化是友谊的基础

埃德蒙多·布斯托斯（智利驻华使馆前文化参赞）

1952年3月，画家、壁画家何塞·万徒勒里穿越西伯利亚，去参加在中国举办的亚洲、非洲和太平洋国家区域和平委员会会议。借此机会，这位智利著名画家创作了一幅壁画。这将是他在中国的长期艺术创作的第一步，也是与中国人民建立永久友谊的开始。

同年回到智利后，万徒勒里、萨尔瓦多·阿连德和巴勃罗·聂鲁达共同创立了第一个使智利和拉丁美洲更接近中国的组织——智利-中国文化协会。

万徒勒里的尝试是智中两国之间的第一次文化交流，也是长期友谊的开始。这为18年后两国建立外交关系奠定了基础。

其实，在智中建交的两年前，两国之间的经济关系已经开始形成。这其中有一段鲜为人知的历史。时任智利总统爱德华多·弗雷（1964—1970年在任）交给国有农业贸易公司（ECA）负责人贝利萨里奥·贝拉斯科一项任务。1968年3—4月，贝拉斯科访问中国以完成采购1000吨茶叶的任务。贝拉斯科除了游历几个城市之外，还有幸受到毛泽东主席的接见。这也是智利和中国之间长期而富有成果的商业交流的开始。

文化交流在智中建交初期的两国交往中占有十分重要的地位，这首先反映在智利驻华外交官的选派上：智利第一任驻华大使是诗人阿曼多·乌里韦，他于 2004 年获得国家文学奖；而首任文化参赞是另一位伟大的诗人贡萨洛·罗哈斯，他于 1992 年获国家文学奖，2003 年获得被称为"西语世界诺贝尔文学奖"的塞万提斯文学奖。

我的城市瓦尔帕莱索距离中国首都北京 19048 公里，两者之间隔着浩瀚的太平洋。2015 年 5 月，我担任了罗哈斯 40 多年前（1971—1972 年）所担任的职务——智利驻华使馆文化参赞，这既是巨大的荣誉，也意味着巨大的责任。

赴任后，我最初的不确定性很快就消失了，这在很大程度上是由于我能够体会到中国人民的温暖和友好，以及他们对相距如此遥远的国家的好奇心——这与我的好奇心不相上下，因为我也急于了解他们。

一开始我就知道，中国人民对智利文化已有相当多的了解，包括我们伟大的文学家和艺术家，如聂鲁达、维奥莱塔·帕拉、万徒勒里、帕特里西奥·古兹曼等。但是我认为，要了解我们国家的文化，不仅可以通过文学和艺术，还可以通过体育、通过我们的运动员，尤其是足球运动员，比如萨拉斯和萨莫拉诺，他们因参加 2000 年的欧洲杯比赛而受到追捧。

基于中国人民对我国很多创作者的了解，我们决定将智利新一代高水平的艺术家与中国人民已经认识的艺术家联系起来。牛顿说，他能够看得更远，那是因为他站在巨人的肩膀上。许多智利艺术家已经在中国的土地上耕种，并且在某种程度上，我们得到了他们成果的支持。

当你来到中国，你会了解她的千年历史，知道她的文化传承和对历史的尊重。此外，你还会明白中国的文化传承与发展不但在少数大城市上演，而且存在于对建立其国家身份至关重要的广阔领土上的多样的、不同地区的城市和乡镇中。

这个事实为我们在中国制定智利文化推广策略提供了第二个要素。

我们不能只将活动集中在大城市。如果仅将我们的工作集中在几个大城市，不仅会限制我们文化表达的覆盖面，而且我们也将无法全面了解中国非凡的物质和人文财富。

同样，我们认为，无论这些活动是由我们的理事会组织的，还是由来访或在中国居住的智利艺术家组织的，我们国家在中国的文化传播都应当具有共同的标识。为此，我们设计了一款带有"智利文化"字样印章的邮票。目前，该标识已提供给我们在上海和广州的领事馆统一使用，它将成为每次智利文化活动推广内容的一部分。

"智利文化"标识。

当然，我们在广阔的中国土地上展现智利文化，必须获得所有必要的帮助。这就要提及几位专家：安德里亚·梅拉作为志愿合作者参加了推广计划，她拥有丰富的媒体工作经验；北京的弗朗西斯卡·汉兴和上海的安东尼耶达·兰达，她俩都是著名的文化经理人，而且在中国待了很多年；同样，文本和电影字幕的翻译由娜塔莉亚·罗哈斯和胡安·巴勃罗·齐负责。没有他们，我们已经进行了三年的雄心勃勃的文化议程是不可能实现的。

如果说想要对谁表达深切谢意，那应该是中国的文化和旅游部以及这个美丽国家的各省市的地方政府。他们不仅对成功举办活动作出了郑重的承诺，而且从根本上说，对我们所做的事情展现了他们真挚的支持和兴趣。

我们也必须指出，智利艺术家在 20 世纪下半叶留在中国的遗产主要集中在绘画和文学上。

1954 年，何塞·万徒勒里在北京的中央美术学院任教，与齐白石、李可染、傅抱石等现代中国最著名的画家共享一间集体画室——他们成为万徒勒里的朋友并为他提供所用材料以及宝贵的建议。

2015 年，我们在中国开展的第一批有影响力的文化活动之一，是组织当代艺术博物馆的精选展品参加第六届北京艺术双年展。本届双年展邀请智利艺术家作为特别嘉宾，展出的当代艺术博物馆的展品包括约 30 种不同风格的作品。

1958 年，何塞·万徒勒里在上海举办了他的首次版画个展。

时隔近 60 年后，智利最重要的插画家之一奥斯卡·斯奎拉在塞万提斯学院的主厅举办了名为"孤立"的展览，其中包括 30 多幅绘画和艺术品。一直以来，塞万提斯学院不仅是我国的好朋友，也是居住在北京和上海的所有拉丁美洲人的好朋友。

斯奎拉不会是最后一个在中国展示作品的人。坦·瓦尔加斯在中国香港也进行了这项工作；卡米拉·皮诺·盖伊、皮兹·卡德纳斯和玛丽亚·路易莎·波尔度欧多则在上海人字拖画廊举办了展览。同样，我们的大使馆文化处也拿出一件由多个智利艺术家完成的作品——《同一个世界，同一个家》参加了在甘肃敦煌举办的文化展览。

1973 年，何塞·万徒勒里在北京民族文化宫举办展览，成为 20 世纪 70 年代第一位在中国举办展览的外国艺术家。

2015 年底，我们在智利驻华大使馆组织了对巴勃罗·聂鲁达的回忆纪念活动。他的作品《我坦言我曾历尽沧桑》在中国读者中广受好评。

1951 年，诗人巴勃罗·聂鲁达访问中国，和中国诗人艾青一起在

2016 年，亚历杭德罗·桑布拉在上海书展上签售作品。

北京游览颐和园、香山以及城市周边的乡村。在那段日子里，他们结下了钢铁般的友谊。聂鲁达在他的自传《我坦言我曾历尽沧桑》中称自己为"中国诗人王子"。他还在回忆录中指出："中国孩子的微笑是人们最美丽的收获。"

2016 年，智利作家亚历杭德罗·桑布拉来到中国参加北京和上海的书展，展示了他的作品《回家的路》《树的隐秘生活》和《我的文档》，之后在上海九久读书人文化实业有限公司的帮助下，由人民文学出版社出版了这些作品的中文版。上海书展的活动很成功，以至于亚历杭德罗在书展现场花费了三个多小时来签售他的作品。

两年后，智利年轻作家宝丽娜·弗洛雷斯也来中国参加书展并推广她的作品《奇耻大辱》，该作品中文版后以《最后假期》为书名出版。该书被西班牙《国家报》的评论员认为是 2016 年出版的十佳书籍之一。

同样，多亏了孙新堂所在的孔子学院拉丁美洲中心，在他们的协调下，犯罪小说家拉蒙·迪亚兹·埃特罗维奇能在昆明和北京两座城市推介他的作品。

1954 年，中国诗人艾青应邀前往智利庆祝聂鲁达的 50 岁生日，并在智利停留了一个月。艾青写了一首长诗《在智利的海岬上》，其中写道："你爱海，我也爱海，我们永远航行在海上。"艾青在回忆录中说，聂鲁达还为他献上了诗作，诗中将他称为"血肉兄弟""高山和海洋之子""海浪与阳光之友"。当时，艾青赠送给聂鲁达两幅齐白石的中国画作品——齐白石也是万徒勒里的老朋友。

2016 年 1 月，北京最寒冷的冬天之一，我记得气温应为零下 10 摄氏度。对于我们这些生活在智利，尤其是生长在海边的瓦尔帕莱索人来说，这种温度绝对是从未感受过的。然而，就在这个月，我们举办了电影制片人帕特里西奥·古兹曼的回顾展。毫无疑问，他是智利历史上最受好评的纪录片制片人。帕特里西奥在妻子兼制片人雷纳特·萨克斯的陪同下，在北京待了一周，其中三天的时间在 798 艺术区进行演讲、接受采访，介绍他的五部纪录片。其间，除了被他的热情和亲切所感染，我们还真正意识到纪录片的重要性——"没有纪录片的国家就像没有相册的家庭"。

第二年，我们紧接着又推动了"智利电影中的女性与身份"主题影展，旨在展示当今智利乃至全世界女性所面对的主要问题。在导演伊西多拉·马哈斯和豪尔赫·亚克曼的参与下，巡展在北京和上海电影博物馆举行，放映了影片《露西亚的碎忆》《我不是罗瑞娜》和《葛洛莉娅》。需要特别说明的是，不论是古兹曼的回顾展，还是关于女性与身份的电影巡展，智利翻译人员在字幕翻译工作中所扮演的角色都是至关重要的。

2016 年，帕特里西奥·古兹曼在北京举办作品回顾展。

　　1980 年，曾多次返回北京的何塞·万徒勒里因病被紧急转移到他位于瑞士日内瓦的住所。在这种情况下，中国政府立即派出医疗队救治他，医生们通过针灸减少他的痛苦。

　　我们在中国最美好且有意义的任务之一，是筹备并翻译了我国两位最重要的诗人——诺贝尔文学奖获得者加夫列拉·米斯特拉尔和贡萨洛·罗哈斯的作品集。

　　贡萨洛·罗哈斯于 1959 年首次访华，他后来成为第一任智利驻华使馆文化参赞。

　　米斯特拉尔的诗集《你是一百只眼睛的水面》和罗哈斯的诗选《太阳是唯一的种子》均由中国著名西语专家赵振江精心翻译。在翻译的过程中，特别是在罗哈斯作品的翻译过程中，我有幸与赵教授进行了多次交谈。罗哈斯诗作中奇特的意象和怪诞的用词给其汉译过程带来许多困难。在发布会当天，罗哈斯的孙女卡塔琳娜参加了发布会，赵教授打趣地说，他宁愿翻译米斯特拉尔的五首诗，也不愿意翻译罗哈

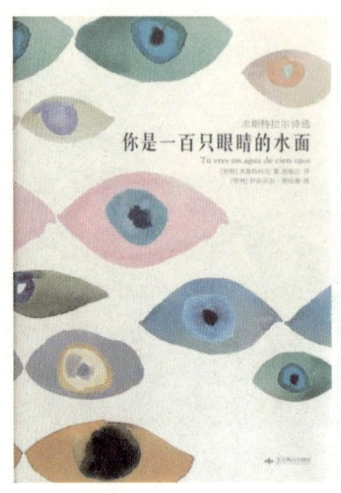

加夫列拉·米斯特拉尔诗集《你是一百只眼睛的水面》中文版封面（2017年）。

斯的一首诗。

另一本在北京出版的重要图书，是由中国社会科学出版社推出的帕特里夏·波利策的《智利女总统巴切莱特：绽放的铿锵玫瑰》。

1984年，何塞·万徒勒里再次病倒，当年夏天开始在北京住院治疗，并得到了精心的照料。

由此可以看出中国政府及艺术界对画家和壁画家何塞·万徒勒里的深情厚谊。基于这种喜爱和赞赏，2016年中国举办了万徒勒里作品展。万徒勒里的部分作品是从智利调来的，当年7—10月，在北京的中央美术学院、南京的江苏省美术馆和上海中华艺术宫展出。

1988年，何塞·万徒勒里的病情恶化，他紧急从智利前往北京治疗。在那里，他再次受到特别照顾，直到当年9月17日去世，即他的妻子去世三个月之后。

当代舞蹈也是这一时期智利文化推广活动的一部分。瓦尔帕莱索临

2016 年在北京中央美术学院举办的何塞·万徒勒里作品展。

界舞团在北京和上海进行了作品《蔓延的沉寂》的表演，并举办"测量一秒"舞蹈大师班。为了感谢公众对他们的欢迎，回智利之前，他们又在上海虹桥火车站进行了即兴表演。

编舞兼舞者宝拉·萨库尔则在东莞和北京两地表演了她的默剧舞蹈作品《象牙海岸》。

2016 年智利临界舞团在上海虹桥火车站进行的即兴表演。

多亏了私人倡议，智利芭蕾舞民族舞蹈团得以在中国澳门参加国际幻彩大巡游，并在东莞和珠海等地演出。

音乐表演可能是在中国观众面前呈现的最具有代表性的艺术形式之一。在电子流行音乐中，智利主要歌手、词曲作者之一的贾维拉·梅娜在北京和上海举行了几场音乐会。由玛丽安娜·黑山率领的二人组也是如此，在"2017 成都国际友城青年音乐周"期间，他们在都江堰、彭州和成都等城市举办了音乐会，并在上海和北京举行了演奏会。同样，新兴的民族流行乐队阿曼尼塔在贵阳、广州、上海和北京展示了他们的作品。

如果说拉丁美洲文化中有一个在所有国家都有拥趸的共同元素，那就是波莱罗舞曲。德米安·罗德里格斯在北京朝阳公园春节庙会的六场音乐会上表演了阿根廷波莱罗舞曲。

此外，音乐家何塞·路易斯·乌尔奎塔和路易斯·萨格利在天津外国语大学和绵阳市举行了双簧管和钢琴配合朗诵的诗歌音乐会。

在中国广袤的土地上，我们还推出了其他的文化展示形式。在东莞、长沙和北京，我们举办了摄影展，作者中包括著名摄影家米格尔·萨亚弘。雕塑家亨利·塞拉诺参加了"2018 成都国际友城雕塑创作展"。智利儿童音乐剧团"奥卡西翁剧院"在上海和昆山等地演出了十多场戏剧《早安！南美》。

简言之，在短短的三年时间里，我们在中国 19 个城市举办了 113 场文化活动，吸引了大批公众参与。

智利和中国的文化交流史展示了彼此间的感情、信任和真诚的关心。通过我们的文化活动议程，两国之间多年来的文化交流得以延续。

看来，文化是一种无形的织物，随着时间的流逝，它变得更坚固、更坚不可摧。聂鲁达、艾青和万徒勒里告诉我们，两国之间艺术展演的交流至关重要。

我们曾有幸两次接待了杰出的中国钢琴家郎朗。此外，在 2009 年，智利举办了"古代中国与兵马俑"展览，该展成为历史悠久的拉莫内达宫文化中心接待游客最多的活动；2016 年，在同一地点举办了"盛世繁华——紫禁城清代宫廷生活艺术展"。

1973 年 9 月 23 日，诗人巴勃罗·聂鲁达在智利的黑岛去世。在他的卧室里，还保留着将近 20 年前，即 1954 年艾青访问智利时送给他的古画《八十七神仙卷》（复制本）。

毫无疑问，两国相交，贸易往来是很重要的，但还远远不够。文化交流能增进国家之间的友谊，而国家间的友谊又可以促进文化交流。20 世纪 50 年代至 70 年代，智中两国人民之间的文化交流留下了丰厚的文化遗产，我们这一代人有责任将其传承下去，从而加深两国之间的友谊和合作。

2018 年 4 月，我回到瓦尔帕莱索。我对在华工作期间收获的感情和友谊充满喜悦。我只能说，在中国的三年，是我一生中最丰富多彩、最难忘的经历之一。感谢中国人民提供的无价之宝！

见证
——与中国的 50 年

胡安·德·迪奥斯·帕拉（中国 - 拉丁美洲加勒比旅游、科技、文化交流促进联盟执行主席，拉丁美洲人权协会秘书长）

中国，经过近代一百多年的苦难，终于在解放战争胜利后得以重建。一个多世纪被掠夺、屠杀的屈辱历史，没能将中国压垮，中国坚守了其千年文明精神，并战胜了列强的入侵。中国站起来了，并在伟大领导人的带领下再次崛起。

艰难时期，毛泽东主席和中国政府的决心、中国人民的力量，为中国的重建和人民的觉醒注入了动力。

在智利，基督教民主党领袖、前总统候选人拉多米罗·托米奇，是中国革命壮举的仰慕者，而我是他的追随者和门徒。1972 年 7 月 7 日，他在接受《今日智利》杂志采访时谈到他在中国的见闻。

托米奇说："在中国，团结的积极作用令人印象深刻。我在参观高中时（我参观了三所高中），问到有多少学生上这所高中，回答说有1300 人。那么，去年有多少学生没有毕业呢？一个。但是，这怎么可能呢？中国学生像世界其他国家学生一样都是有血有肉的孩子，有的聪明，有的没那么聪明；有的勤奋，有的没有那么勤奋。老师的回答是：如果有人听不懂，课后会有一群同学陪着给他解释。如果他仍然不懂，老师会去那个学生家里给他补习。在这种情况下，他怎么还能落后或者因为不学习而比别人差？每个人与他人之间都有一种积极团结的意愿，这产生了巨大的心理刺激。"

1970 年对于智利来说非常重要，萨尔瓦多·阿连德博士赢得了总统选举。他领导的左翼政党联盟得到了工人和农民组织的支持以及年轻人的热情拥护。他提出了一项使智利社会产生深刻变革的计划，从而成为第一个通过普选成为国家总统的社会主义者。

智利开始走社会主义道路，这给美国政府敲响了警钟。当时的世界正处于"冷战"之中，对于理查德·尼克松的保守政权而言，智利的变革可能会成为一个极坏的例子，足以撬动美洲大陆的其他地方。

随后，他们发起了最险恶的计划以阻止智利革命的成功，进而阻止其在这块大陆的蔓延。

1970 年 11 月，阿连德正式出任智利总统。他领导下的智利政府开始尝试大胆的政治变革计划。其中，铜业、银行业、战略公司的国有化和深化农业改革是最重要的几项内容。

阿连德就任总统后仅一个月，智利就承认了中华人民共和国，并与新中国建立了外交关系。

智利是第一个这样做的南美国家。

这项决定也意味着智利与中国台湾的官方关系即时断绝。智利代表恩里克·伯恩斯坦和中国驻法国大使黄镇在巴黎签署的建交公报中明确指出：中国政府重申台湾是中华人民共和国领土不可分割的一部分。智利政府注意到中国政府的这一声明。智利政府承认中华人民共和国政府是中国唯一的合法政府。

在那些年里，中国用行动表达了对智利改革进程的支持。考虑到中国当时为确保本国人民的生计而经历的种种困难，他们已经做得够多了——从自己嘴里拿出面包来帮助智利。

经常访问北京的智利左翼领导人与中国最高领导人，特别是与执行毛泽东外交政策的周恩来总理保持着友好顺畅的政治对话。

在周恩来总理看来，智利的改革进程不免幼稚，实际上，没有武装力量就能成功地进行彻底变革是不可信的。因此，1973年1月，周恩来总理通过访华的智利政府代表向阿连德发出了提醒。

此后不久，与大企业和银行业相勾连的智利军队以及右翼的政治领导人，在美国政府的支持下，书写了智利历史上最黑暗的一页，用鲜血和暴力摧毁了民主并开始了其恐怖统治。阿连德总统挺身而出，誓死捍卫民主，在拉莫内达宫因炮弹轰炸而引起的大火中壮烈牺牲。

政变后上台的智利独裁政权，起初与中国保持着冷淡而疏远的关系。不过，尽管双方意识形态存在巨大分歧，两国政府仍能维持稳定的贸易和外交往来，不断扩大经济和商业关系，最重要的是巩固共同利益。对于中国来说，智利早就承认了中国领土主权的完整；对于智利而言，维持智中友好关系，对加强其经济开放和自由贸易政策尤其重要。

几年后，在邓小平领导下，为更快地发展，中国开始大力实施经济改革和吸引外国投资。

2016年，在我个人生活中发生了一件大事，将我和中国拉得更近。我遇到了一个可以与我共同生活的人——夏正海。她是阳光和大海的女儿，有一个西方的名字"萨布丽娜"。在移居智利几年后便小有成就的她，将自己定位为杰出的葡萄酒生产商。与此同时，她是拉丁美洲-中国文化交流的积极推动者。

蜜月期间，我和萨布丽娜一起去了中国。一个星期六的早晨，我们在上海外国语大学附近的公园里散步。慢慢地，很多人都来了，有些人在唱歌，有些人在锻炼，有些人在慢跑，还有人用毛笔蘸水写书法、朗诵诗歌、打太极拳。每个人都有自己的生活方式。到了午餐时间，他们纷纷拿出随身携带的小吃，放在长桌或树干上请大家分享。

我很羡慕。

在西安，我们遇到了一些书法家朋友。中文书写具有非常复杂的规矩，每个汉字都是一件艺术品，值得欣赏。书写中文是一种被高度赞赏的艺术，书法家有自己的风格并为此感到自豪。这些西安的书法家成为我们的朋友，他们给我们书写了美丽的汉字，我们至今仍珍藏着——它们是真正的艺术品。

参观山东省曲阜市的孔子博物馆时，我对那些上面刻着孔子著作的大黑石头惊叹不已。那是巨大的石书，可确保上面的字迹不会被破坏。这些纪念性的石头上面包含了中华民族鼓舞人心的哲学经典。

我和萨布丽娜一起去了四川省乐山市的一座佛教寺庙。在寺里，我看到有200多名僧侣和数名施主在虔诚地祈祷，还有守护佛陀的四大天王塑像，每个高约五米，涂有金箔，给我留下了深刻的印象。在附近的石窟中，还有许多石刻造像，来此参观的人在没有任何限制、没有警卫、没有什么控制的情况下，都对石像表现出了极大的尊重。

在乐山，我们还瞻仰了乐山大佛。它是一座巨大的弥勒佛坐像，通高71米，大佛的一只脚上就能围坐100个人。大佛被雕刻在山崖上，脚下是三条大河的交汇处。那些雕刻这尊大佛的人无疑创造了一大奇迹——西方没有任何能与之相比的古迹。

我们还去了青海省的塔尔寺，那里是藏传佛教的著名胜地。来自西宁的朋友带我们到了这里，让我们又有了一段奇妙的经历。活佛在他的经堂接待我们并送上祝福，还赠送给我们各种各样的护身符。这座寺庙是藏传佛教大师宗喀巴的诞生地。

实际上，我们拜访塔尔寺是为了还愿。之前，萨布丽娜患上癌症，在经过复杂的手术干预后战胜了病魔，期间她许下诺言，如果她能完全治愈，一定要去塔尔寺还愿。

今天，中国人骑自行车少了，代之以骑电动摩托车和开汽车，公共交通也明显繁忙起来。商业遍地开花，大学和职业技术学院激增，正在建设的新城市以其未来主义的建筑挑战着大家的想象力。这些都是已经发生和正在中国发生的显著变化。

在经历了 17 年的痛苦之后，智利于 1990 年恢复了民主。此后，历届政府继续发展并逐步加深了与中国的关系。

随着民主的恢复，智利进入了重要的经济和社会变革时代，国家得以实现现代化，各个方面都有所改善。

在此背景下，智利和中国于 2005 年 11 月签署自由贸易协定，推动了两国的进一步合作。

自贸协定的实施和双方的诚意，推动智利和中国的双边贸易额迅速增加。2018 年智利对华出口超过 250 亿美元，占智利国际贸易的32%，中国成为智利的主要贸易伙伴。

基于良好的友谊和战略上的契合，2017 年 5 月，智利满怀热情和意愿，加入了习近平主席提出的"一带一路"伟大倡议。

在共同发展的道路上，智中两国在贸易、旅游、文化、技术和政治事务等方面签署了许多合作与交流的协议。

我与萨布丽娜共同努力，坚定信念，创立了中国 - 拉丁美洲加勒比旅游、科技、文化交流促进联盟。这是一个非政府组织，我们曾向很多国家的领导人、社会组织负责人、学者、朋友承诺：要在民间作贡献，为习近平主席提出的"一带一路"倡议做助攻，促进共同发展和自由贸易，克服贫困，维护世界和平，在人民之间架设桥梁和建立信任。

我们坚信，拉美和中国的一体化大有可为。这两个地区的人口加在一起占全球总人口的三分之一以上，代表着 20 亿渴望实现可持续、现

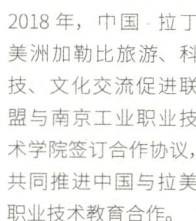

2018 年，中国 - 拉丁美洲加勒比旅游、科技、文化交流促进联盟与南京工业职业技术学院签订合作协议，共同推进中国与拉美职业技术教育合作。

代化、公平和公正发展的人类。

自建立中国 - 拉丁美洲加勒比旅游、科技、文化交流促进联盟以来，萨布丽娜一直努力说服中国官员、学者、企业家和艺术家前往智利和其他拉丁美洲国家访问。她坚信，为了"一带一路"倡议的顺利实施，促进各国人民之间的交流至关重要。如果企业家、学者、年轻人、文化代理商、政治人物、军事运动员等之间没有相互理解，仅靠政府间签署的条约、公约、协议和议定书，那么该倡议最终可能将屈服于官僚主义。

为了使中国和拉美各国人民更加团结，我们邀请了青海、上海和北京的商会和环境主管部门领导与智利、厄瓜多尔、阿根廷、乌拉圭、巴拿马的同行会晤；我们促成青海三江源国家公园管理局与智利西普勒斯国家公园、厄瓜多尔马奇琴度热带雨林国家公园签署生态保护合作交流框架协议。我们促成了中国锂业和铜业工程师和专家的来访，并帮助他们与智利国家铜业公司建立联系；将智利的矿业工程师带到中国去体验中国在采矿方面的技术进步，促进了智利与中国的技术交流，并通过促成中国公司参加在秘鲁举行的国际矿业展览会来实现技术交流。

2019 年 1 月，作者与青海省政协副秘书长张周平在厄瓜多尔首都基多。

我们推动了中国与智利、阿根廷、厄瓜多尔的大学之间的交流，从而促进了两个区域间学术交流的开展，特别是在科学和技术领域。

对我们而言，2016 年习近平主席访问智利是一个值得铭记的重要时刻。那次，在米歇尔·巴切莱特总统宴请习近平主席的宴会上，萨布丽娜与习近平主席进行了交谈，介绍了我们通过中国 - 拉丁美洲加勒比旅游、科技、文化交流促进联盟所做的非正式外交努力。此外，我们还向习近平主席赠送了一本书，这是一本将他的讲话翻译成当地众多语言出版的系列书籍中的第二本。

在我们最近一次访问上海时，我同上海外国语大学的朋友陆经生交谈时指出，中国在这半个世纪里取得了令人惊叹的发展，上海的夜晚呈现的几乎就是未来派风格。他非常谦虚并理智地告诉我："的确，我们已经走了很长一段路，但是我们还有很长的路要走。我们已经将贫困率从 50% 降低到 8%；我们正在改善交通、住房、教育和卫生；我们正在努力推动科学技术的进步，但是还需要做更多的工作。中国人知道这条路仍然漫长而艰难。"

作者与上海外国语大学西语系师生交流。

我认为，中国当前取得的伟大成就是建立在自己的努力之上的，而不是靠侵略、征服和奴役其他国家；中国的发展是中国人民伟大付出的产物，是建立在自身牺牲的基础之上的。

这说明，中国不仅仅是一个民族，更是一种文明。

智利与中国的文化和友谊

胡安·卡洛斯·拉米雷斯·洛佩兹（智利中智文化艺术中心创始人）

2020 年 1 月的一天，在智利圣地亚哥阿图罗·梅里诺·贝尼特斯机场候机室，距离我飞往中国的航班起飞还有一个小时。我查看了"智利与中国关系的五十年"系列活动议程。我这次的目的地是香港、澳门和珠海，主要议程是和该地区与艺术和文化相关的组织签署合作协议，签字仪式将在澳门科技大学举行。之后，我们将拜访广东省的几个城市，与当地官员会面，介绍"智利与中国的五十年友谊"项目。

广播里发出了登机呼叫。登机入座后，我就放松下来。从小时候起，我就对中国文化产生了兴趣。20 世纪 70 年代，我与几个朋友每个星期天都去圣地亚哥伊拉拉扎瓦尔街上的好莱坞电影院看中国电影。进电影院之前，我们把买票之后剩下的硬币拿到电影院前面的一家商店换成饼干——他们总是给我们两倍于正常重量的饼干。然后，我们穿过街道回到电影院，去欣赏那些激动人心的中国电影。电影中，功夫英雄们在空中飞来飞去。正是那几年，中国电影以新的方式，包括电影特效，征服了智利大众。我至今仍然记得那些画面及其给我们带来的极大满足感。这些电影为我们了解几千年历史的、神秘而遥远的中国文化，包括中国人的习俗、服饰、食物和古建筑等打开了一扇门。

电影的故事一般是横向的，讲述了反对不公、滥用权力和歧视的斗争，通过主要角色传递了坚持不懈、忠诚和荣誉等价值观，比如《唐山大兄》《龙争虎斗》《独臂刀》《猛龙过江》《少林三十六房》《醉拳》《死

在中智建交 50 周年之际，
《中国神话传说》一书出版。

亡游戏》等。那些年，电视是最有效的交流媒介，它使我们像家人一样围绕在它周围，对我们的学习和教育产生了巨大的影响。20 世纪 70 年代还出现了《功夫》电视剧，在三年多的时间里共播出了 62 集，后来又重复播出。上学期间，我们常常在下午追看我们的英雄"金贵祥"。在智利目前对中国人民所保有的感情中，这一剧集贡献了不少内容。它讲述了充满积极价值观和内在力量的生活哲学拯救了会功夫的少林和尚（小蚱蜢）的故事，其主要思想在于"不要复仇"。这种文化意识形态植根于我们这一代人的集体无意识之中，尤其是当我们的国家实行独裁统治时。这些经历促使我学习了希腊罗马摔跤、拳击和柔道等运动。最终，我更倾向于传统的功夫。

1985 年，当时最令人难忘的武术比赛之一、由肯波流空手道联合会举办的首个全国性全接触冠军赛在圣地亚哥的纳塔尼尔体育馆举行，向所有类型的武术开放。比赛进行了两天，智利的顶尖习武人士欢聚一堂。我是竞赛参与者之一。第一天，我赢了两场，一只眼睛负伤；第二天，赢三场，成为我这个级别的冠军并被选为赛事最佳表现者。从那时起，我在参加的所有赛事中都获得了冠军。我的武术之路就是这样开始的。后来，功夫带我进入了中国古代文化的其他领域，如哲学、舞蹈、音乐、太极和推拿等。我编创并导演了戏剧《中国神话传说》，并出版了同名书籍。

机长要我们系好安全带，要着陆了。飞机降落在香港机场。走在机场里，我想起了第一次到中国的情景。那是 1994 年 1 月，应中国官方邀请，我作为一个七人代表团的成员出访中国，当时正值智利总统艾尔文执政末期。我们访问了深圳、上海、北京和香港。当时，香港的管理权仍在英国手中，这是第一次鸦片战争和"炮舰外交"的产物。三年后的 1997 年，中华人民共和国政府恢复对香港行使主权。在去深圳的路上，接待方还向我们介绍了人类历史上影响最大的经济改革——由邓小平在 1978 年提出的"改革开放"。这座城市被宣布为"经济特区"，而这改变了它的未来。此前，深圳还只是一个仅有 3 万居民的小渔村。到 20 世纪 90 年代初，那里有了大约 100 万人，其中大多数是年轻人。2008 年，深圳被联合国教科文组织评为设计类"创意城市"。2020 年，深圳成为拥有 1200 万居民的现代化城市。

第二天，我们在香格里拉酒店顶楼的旋转餐厅用早餐，从那里可以欣赏深圳全景。深圳在 20 世纪 90 年代初仍处于发展阶段，有许多荒地和低矮的建筑物，只有几幢摩天大楼。当时我没有想到，这场改革会使中国成为世界领先的经济体，不仅在工业生产和产品分配方面，而且在科学、技术、创新和教育方面也是如此，显著提高了整个国家的发展水平和生活质量。

2001 年，陈锦辉前往美国，在纽约唐人街开设了他的学校。他经常回到中国，在那里指导鸿兴散打队，并在佛山大学教授武术历史课。

我们从机场去了巴士车站，继续前往下一个目的地——澳门。这次不再是坐船而是坐巴士前往，我们将驶过世界上最长的跨海大桥。它横跨 55 公里，于 2018 年年底启用，连接香港、珠海和澳门。在上次的旅行中，我们乘船航行花费了大约 3 个小时。现在，通过港珠澳大桥，我们以一种更经济、更舒适的方式在 40 分钟内完成了相同的旅程。

当巴士在海上行驶时，看着海岸，我不禁想到第一批到达智利的中国移民。鸦片战争之后，许多中国苦力满怀着对工作的渴望以及淘金的梦想登上了英国的船只，希望到海外通过奋斗过上富裕的生活，有一天能够回到家乡与亲人团聚。然而，这全都是骗人的。登陆美洲后，这些中国人的希望落了空。他们工作非常艰苦，每天从黎明开始一直干到日落。大多数人的酬金都少得可怜，只能得到食物、一点衣服和一小块睡觉的地方。在南美，中国移民最先被带到秘鲁。他们的主要工作是在海岸边捡拾鸟粪、在棉花田或制糖园做工，以及建设铁路。据统计，先后有 8 万多名苦力移民到秘鲁。1879 年，由于边界划分和硝石开采的分歧，爆发了太平洋战争，智利对阵玻利维亚和秘鲁，后两者维持着秘密的防御联盟。到战争的第九个月，智利军队胜利攻入秘鲁首都利马。中国苦力移民加入了智利军队，从事后勤支援工作，以争取人身自由。战争结束后，中国人继续按合同在阿里卡和伊基克的硝酸盐厂（现属智利）工作，开始了作为自由人生活的新阶段，并逐渐融入了智利社会。

我们到了澳门。在酒店，我整理了第二天会议要用到的材料，检查了一下日程、纪念品，妥当准备了合适的参会西装。这时，电话铃响了，他们告诉我们五分钟后去澳门老城区的一家餐馆用餐。一路上，我欣赏着这里的建筑创意，其现代而精致的设计、许多奢侈品牌商店的存在令我震惊。路两侧停靠的出租车上播放着丰富多彩的广告图像。我们穿过通往半岛的长桥，将奢华与魅力留在身后，前往老城区。这个地方有特殊的美食菜单，当地美食是葡萄牙和地中海风味的融合。在这顿晚餐中，摆在我们餐桌上的菜肴多种多样，带我们进入了一段崭新的香料调味旅程。回到酒店后，谈话开始围绕着最早的智利华人移民及其历史展开。太平洋战争之后，甚至在 20 世纪的前几十年，他们的经济福祉和对智利社会的参与程度都有所提高。伊基克、圣地亚哥和瓦尔帕莱索都成立了华人慈善社会团体，这些团体使他们能够及时了解自己国家发生的事情，包括智利各行各业的就业情况以及有关政治、社会和文化等方面变革的信息。自 1912 年起，智利政府开始限制中国人入境，直到 20 世纪 70 年代中期，到智利的中国人还不足 200 名。今天，看到新中国诞生 70 多年后所取得的成果，我想到了毛泽东和邓小平分别讲过的两句话："中国人民站起来了！""改革是中国的第二次革命。"

第二天，我起得很早。

彭龙健和陈锦辉都穿着西装、打着领带来到酒店餐厅与我碰面。我们一起喝了咖啡，检查了日程，然后前往澳门科技大学。我目前的身份之一是智利 - 中国文化协会的成员，这是一个成立于 1952 年的非营利组织。其成立的初衷是承认中华人民共和国是中国唯一的合法政府，促进两国文化交流，并为建立两国间的外交关系作出贡献。当年 9 月底，一些智利知识分子、艺术家、工会领袖和中国代表会面，确定了该协会的成立日期、近期目标以及领导层的构成。在即将担任领导职务的 24 个人中，有巴勃罗·聂鲁达（诗人、前参议员）、路易斯·杜兰德（作家、记者）、何塞·万徒勒里（画家、雕刻家、壁画家）、里卡多·昌山（慈善机构理事长）、弗拉基米尔·奇（慈善机构前主席）和恩里克·孔（慈善机构会员）。1952 年 10 月 1 日，也就是中华人民共和国成立三周年的同一天，智中文协在圣地亚哥克里永酒店正式成立。巴勃罗·聂鲁达本人朗诵了诗歌来纪念这一事件。智利成立的这个新组织对于国内外媒体而言都是大新闻，因为当时没有一个拉丁美洲国家与新中国正式建交。台湾当局的施压随之而来，因为它对智利政府和居住在那里的中国人仍然有一些影响。此外，美国也对这种新的"毛派"聚光灯在其"后院"点亮感到担忧。该协会的第一项举措是通过杂志、报纸和书籍向智利人介绍新中国，此外还与从中国返回的人们进行接触，因为他们的经历和见闻有助于智利人理解毛泽东思想以及亚洲巨人正在经历的变化过程。

1954 年，智中文协首任主席路易斯·杜兰德去世，时任参议员的萨尔瓦多·阿连德·戈森斯接替了他的职位。阿连德为寻求签订两国间合作与发展协议作出了不懈努力。经过一番谈判，1956 年，京剧演出首次登陆智利，并在圣地亚哥市剧院上演了总共十场。这次演出是两国间代表性艺术的首次交汇。

1957 年，庆祝智利 - 中国文化协会成立 5 周年和中华人民共和国成立 8 周年活动在智利大学荣誉堂举行，许多政界人士、学者和企业家都来出席。同年，萨尔瓦多·阿连德成为该协会的名誉主席。他所在政党提名他为智利共和国总统候选人，代表左派联盟——人民行动阵线。 1962 年，在智中文协成立 10 周年纪念活动中，与会者提出了"中国与联合国"的思想。智中文协是第一个提出这一想法的机构，并将其传播到世界各地。1969 年，该协会呼吁所有媒体宣传与中国建立外交关系的主张。同时，智利 50 位著名的政界人士、学者、艺术家和企业家签署了相关文件。1970 年，在新当选总统萨尔瓦多·阿连德的主持下，智利与新中国建立了外交关系，成为南美洲第一个承认中华人民共和国的国家。两国建交文件中申明："中国政府重申台湾是中华人民共和国领土不可分割的一部分。智利政府注意到中国政府的这一声明。智利政府承认中华人民共和国政府是中国唯一的合法政府。"该文件签署后，台湾当局宣布与智利"断交"。

抵达澳门科技大学后，我们先按照惯例在会议室中的一张大幅活动照片上面签名留念，然后去第二间会议室等待其他客人的到来。借此机会，我在花园里散了一会儿步。我边走边忆起了 1973 年 9 月 11 日智利发生军事政变的那一天。那天我还在学校里，老师在惯常的时间之前把我们送回了家。到家后，我看到母亲在哭，父亲很沮丧，他已经从海军陆战队退役，那时是社会党的领导人。那天，萨尔瓦多·阿连德政府被推翻，智利开始实行军事独裁。这导致智利 - 中国文化协会的成员暂停了他们的所有活动，以保证自身及家人的安全。在军事独裁时期，协会只举行了几次会议，其他活动都停止了。

经过近 40 年的空白期后，智利 - 中国文化协会重新开始开展活动。2012 年 12 月 26 日，智利大学哲学与人文学院和智利 - 中国文化协会签署了一项合作协议，旨在促进两国对话、合作以及开展教育、艺术、文化、科学和社会活动。同年，智利 - 中国文化协会成立 60 周年之际，在前国民议会荣誉会堂举行了大型活动，包括前总统爱德华多·弗雷、参议员何塞·安东尼奥·戈麦斯、参议员伊莎贝尔·阿连德·布西、代表共和国总统塞巴斯蒂安·皮涅拉·埃切尼科的南希·兰帕普霍恩，以及知名学者、企业家和其他代表在内的 200 多位嘉宾出席了该次活动。时任中国驻智利大使杨万明先生在讲话中说："1952 年，当大多数智利人对中国一无所知时，萨尔瓦多·阿连德、巴勃罗·聂鲁达和何塞·万徒勒里等著名人物已经表现出非凡的长远眼光，主动成立了智利 - 中国文化协会，为两国民间交流架起了重要桥梁，为两国民间友好和中智正式建交奠定了坚实基础。中国人民永远将智利老朋友宝贵的友谊和贡献铭记在心。"在对协会的工作表示赞赏和祝贺后，杨万明先生说："没有牢固的基于深厚的认识和相互的政治认可的社会基础，双边关系的顺利发展就不会实现。今天，中智关系正处于历史最好时期。为了促进双边合作的进一步发展，在新近建立的战略伙伴关系的基础上，还需要两国社会各界共同努力。为此，中国大使馆也将继续提供大力支持和协助。"

智利自 2011 年起将庆祝春节（农历新年）确定为官方活动，这是智利 - 中国文化协会、中智文化艺术中心和智利中国企业家协会共同发起的文化举措之一。该活动是智利夏季文化活动之一，以庆祝世界华人最重要的节日。中国驻智利大使馆和智利众多组织机构参加了该活动。该活动向公众开放，包括全天候不间断地举行中国文化展演，有民族舞蹈、传统乐器演奏、歌曲、武术、中国鼓、南北舞狮、舞龙和杂技等节目，

2016年，在智利驻华大使馆，诺贝尔文学奖得主莫言将他的作品《生死疲劳》授权给胡安·卡洛斯·拉米雷斯·洛佩兹改编成戏剧并在拉美地区演出。

中智文化艺术中心每两年举办一次中国文化之旅。

来自中智两国的许多艺术家都参加了这项活动。在奥希金斯公园内中国花园的美丽环境中，设有中国手工艺品的摊位，游客可以体验推拿按摩、穿上中国传统服装并拍照留念，还可以得到上面写有其中文名字的纪念品，学习剪纸，甚至还能学一点中文。智利人和当地中国居民都非常喜欢这项活动。头四年，该活动在政府宫前的布尔内斯广场举行，后来移至现在的地点。

回到大厅里，合作协议签字仪式开始了。中智文化艺术中心和（中国）珠江三角洲地区的五个组织是此次活动的组织者。我很荣幸地为本次活动作结束寄语。作为中智文化艺术中心主任，我宣布：我们的使命是在各个文化组织之间建立靠近与对话的空间，使我们能够在两国之间创造和促进艺术与文化的传播和教学，促进文化融合。智利和中国相距甚远。但是，我们中的一些人一直为实现这一融合而不断努力，每天都在寻找新的机会来巩固和发展这种友谊。签署合作协议使两国有可能打开分享彼此世界观、艺术、文化和传统的新大门。我们渴望给我们的社会一个机会，以分享成就，促进和谐、多元和公平的文化发展，最终促进两国人民创作生产、艺术传播和文化自由的不断发展。我的演讲不是学究式的说教，而是我的生活理念。

变化

胡安·何塞·比达尔·伍德（智利出口贸易促进局驻上海商务总监）

我 2004 年到中国时，只会用中文说"你好"。当时，我获得了赴中国留学的奖学金，在圣地亚哥收拾好行囊后就直接去了湖北武汉。随着时间的流逝，我渐渐学会了说"谢谢"和"我不要辣椒"（我不喜欢辛辣的食物），因为那时我还不习惯这些口味。

时间一转眼过去了 16 年。其间，我从武汉搬到上海，并在那里工作和生活，有了自己的家，结识了我的妻子，然后女儿出生。每次有人问这个上海小姑娘从哪里来时，她都会回答说：我的父亲是智利人，母亲是法国人，而我是本地人。她的普通话说得特别好。最重要的是，当她听到我的演讲或者当我与其他人交谈时，总会纠正我的发音，这让我充满了自豪感。

每天，我都会看到一些外籍居民，他们都是外国人或者混合家庭，但决定在中国抚养子女。这些家庭的孩子可以讲好几种语言、接触不同的文化，所以更能容忍差异并乐于接受变化。这就是我在中国生活的标记——变化。

我习惯早上喝咖啡。刚到武汉时，我拼命想寻找一个可以去喝咖啡的地方，或者买一些咖啡豆在我的公寓里自己做，但是并没有找到，只好让我妈妈从智利给我邮寄速溶咖啡。后来，情况发生了变化，中国消费者开始接受咖啡，经常光顾配置国际品牌的社区咖啡馆。智利妈妈们也松了一口气，她们不再需要从地球另一头邮寄速溶咖啡给像我这样的早晨咖啡爱好者了。

付款方式让我真正感受到了这场革命性变化的触动。手机不再只是一种通信工具，现在，我们可以通过微信或支付宝在中国任何的地方完成付款。从重庆到昆明、杭州、大连，在中国各地，我们几乎都可以使用移动支付购买食物、果蔬等。而作为智利出口贸易促进局（ProChile）驻上海的商务总监，我们想在智利推动这种创新，以促进智利公司采用这种系统，从而更便利地进入中国市场。

我们必须继续发展并为加强中智友好关系作出努力。智利出口贸易促进局驻北京、广州和上海的团队都知道这既是关键时刻，也是双方开展更广泛合作的契机。我们成功建起了智利数字展厅，并在中国的电商平台（如京东、天猫和拼多多等）上运营销售智利农产品，以便将红酒、蜂蜜、三文鱼、皮斯科酒、车厘子、橙子和品质最好的橄榄油等产品带到中国消费者的餐桌上。

毫无疑问，从人们的生活角度来看，中国的电子商务是变化最深刻的领域之一。在最快不到一个小时的时间内，你就可以收到任何类型的产品，安全交付并保证产品质量。

这种变化也影响到了作为公共部门的智利出口贸易促进局，并为智利的出口贸易商带来了新的挑战和机遇。

我们正在继续了解中国的电子商务，并将其作为工作的重点之一。我们正在与各地区办事处一起，为智利公司提供咨询和市场趋势分析，使这些变化能够在智利创造更多机会。

2020 年，我们与几位网络红人携手在中国进行了一系列直播活动，通过他们让中国消费者对智利、对我们的地区以及我们在食品安全方面所做的工作有了更多的了解，从而使人们更加信任来自智利的商品。出口篮子已经扩大，其中，蜂蜜和柑橘等产品已经开始商业化。我们一直

2019年9月1日，"智利美食集市"暨智利天猫国家旗舰店开幕式在上海举行。

在努力向中国进口商和消费者传达有关我们产品的质量以及我们如何维护从智利到中国的整个产业链的信息。

我们将继续为中国进口商和智利出口商之间的贸易交流提供便利。在智利提供的所有出口产品类别中，有新鲜水果、葡萄酒、海鲜，还有林业或创意产业产品，如电子游戏等。我们在两国举办了大量的面对面或线上的商务会议和有关贸易议程、市场研究、发展趋势与机遇的讲习班和宣讲会，以不断创造更多的机会。

为智利国内经济服务是我们的优先事项之一。我们正在努力推动包括伊基克、莫莱谷、大都会、湖区等地区在内的智利公司进入中国市场并销售其产品。

自 2019 年以来，我们在上海实施了推广智利及其所在地区的计划。在这里，我们向中国公司介绍智利及其出口篮子计划，在互动中开拓新的业务。

与此同时，如何在最短的时间内安全地使用冷链运输运送我们的产品是首先要解决的问题。在这方面，与中国货运公司的合作非常重要，它们能够将鲜活农产品在最短的时间内送达中国消费者的餐桌上。对三文鱼和车厘子等对新鲜程度要求较高的产品来说，安全快速到达中国至关重要。

"智利周"是一项已开展多年的推广活动，旨在扩大智利公司在中国的业务范围，同时，促进智中双方在投资、旅游和贸易等方面继续不断深入合作。

我的朋友们不时会问我，你还会在中国待多长时间？我总是以同样的口吻回答他们：我不知道。回顾我所见证的一切，展望未来的发展趋势，甚至是我无法想象的新技术，还有我正在学习识字的女儿，我们为了给智利公司争取更多机会而做的工作，以及未来两国深度合作将为我们带来的一切，未知远远多于已知。毫无疑问，我们仍然要面对许多变化和挑战。

交流篇

天文工作者的智利访学之旅

闫正洲（西华师范大学天文系教师、中国科学院南美天文研究中心高级访问学者）

梦想成真

我对智利最初的认识和大多数中国人一样，是从中学地理课本里了解到的——一个遥远的、坐落于安第斯山西麓、具有狭长国土和盛产铜矿的国家。作为一名自然爱好者，我逐渐了解到智利独特的自然环境，包括活跃的活火山、极旱的沙漠、美丽的湖区和复活节岛，以及遥远而绝美的巴塔哥尼亚和百内公园。

在博士研究生阶段，我选择了天文学领域的技术方向，从事与天文台址和台站建设相关的工作。阅读文献时，我了解到智利北部有世界一流的天文台址，以及诸多世界顶级的天文台站。地形、洋流和诸多其他因素造就了智利北部阿塔卡马沙漠地区的极旱气候，晴天数多，大气稳定性好，这些都是天文观测方面近乎完美的条件，加上多年来许多国家与智利合作建设的庞大基础设施和后勤支撑系统，使其成为国际上天文台站建设的圣地。目前，该地区的观测设施、技术团队、天文台建设与运行代表了世界顶尖水平。

智利政府及科学界对这一得天独厚的自然资源引以为傲，同时也非常重视天文学的发展。2007年，智利国家科委推出了"国际天文科学园区"计划，北部的大片国土被划为未来新建望远镜设备专用的地理保留区，鼓励世界各国的科研机构前来开发利用。他们还特别重视与天文观测设备相配套的高科技和工程技术的研究和发展，成立了名为"天文工程中心"的新型科研机构。根据智利的国家政策，所有在智利建设的大望远镜，必须让在智利工作的科学家享有 10% 以上的使用时间。这项措施鼓励和促成了智利本土相关科研活动的积极开展，其天文科研能力也在较短的时间内有了快速发展。我和夫人二人同为天文学工作者，对于到智利学习、工作，访问位于智利的天文台站和大型观测设施的机会，有着朝圣一般的向往。

2015 年，中国科学院南美天文研究中心（以下简称"南美中心"）主任王仲教授在中国科学院国家天文台的学术报告中，介绍了中国在智利开展天文学国际合作和天文台建设的情况。在互动环节，我提出了自己关注的台站建设技术层面的问题。2018 年，南美中心的首席科学家黄家声教授到我和夫人工作的大学讲学，我们询问黄老师到南美中心做学术访问的可能性，黄老师当场表示欢迎，并支持我们到智利进行为期一年的访问和学习。两个月后，梦想成真，我们收到了南美中心的邀请函，随之进入准备签证和相关手续的环节。

关山万里

去智利访学的手续比我们预期的复杂：一方面，我们以大学教师的身份出国访问和学习，需要向上级部门申请，获得批准后方可办理签证手续；另一方面，由于控制外国移民的原因，智利大使馆在工作签证的审核上十分严格，需要我们提供各种中国和智利双方外交部认证的证明材料。南美中心同事大力协助我们办理相关手续。同时，智利政府支持国际上的天文学机构到智利开展工作，在签证申请表上有特别的天文学工作者选项。好事多磨，我们前后历经半年，往来于成都、北京之间多次，终于拿到了赴智利工作的签证。

2019 年 2 月，夫人、女儿和我从四川出发，开始了我们家庭最长距离的旅行。飞机先后经北京、巴黎两次中转，历经 40 多个小时，航程 2 万余公里，抵达智利首都圣地亚哥。

双收之旅

南美中心是中国科学院在智利的分支机构，办公室位于智利大学天文系园区，设立的目的是利用智利一流的台址资源建设在南半球的天文台，与国际天文学研究机构开展深入、全面的合作，进行天文观测和天文技术方法研究，发展天文观测装置，培养实测天文人才。南美中心获得了智利政府授予的国际组织法人地位，享有和欧洲南方天文台、日本国家天文台等国际组织相同的待遇，可以获得用于天文台建设土地的特许经营权，以及天文科研设备进口免税等优惠条件。几年来，南美中心以积极、开放的姿态开展国际合作，与智利国家科委以及科研机构建立了良好的合作关系，在智利的挂靠单位为智利大学。

一切安顿好后，我们到南美中心报到。在拥挤而有序的办公区与各位中国籍同事一一寒暄之后，南美中心主任王仲老师安排我暂时坐在会议室办公。在会议室里，还坐着一位头发花白、戴着老花镜的先生。王老师介绍说："这是我们中心聘请的智利籍总工程师，名叫爱德华多·多诺索（Eduardo Donoso），今后你们将是合作伙伴。"在自我介绍时，爱德华多提到他职业生涯的后半段有着丰富的天文台站建设经验，先是在欧洲南方天文台的阿塔卡马毫米/亚毫米波阵列望远镜（ALMA）工作，后来为美国的大麦哲伦望远镜（GTMO）项目工作至退休，而今受到南美中心王老师邀请为中心项目建设做顾问和管理工作，刚到岗约一个月。

　　我在南美中心参与两个重要的项目：一是位于圣地亚哥市区东北部的中国科学院天文科学园区建设（以下简称"园区"）；二是在智利北部文特峰（Cerro Ventarrones）地区，和智利北方天主教大学（UCN）合作的天文观测设施建设（以下简称"文特峰项目"）。尽管项目资金来源都是中国政府，实际上两个项目有很大的差异："园区"项目位于圣地亚哥市城区，计划作为中国科学院南美中心的总部，拟建两栋建筑，为中国天文在智利的发展提供工作、实验空间，并为中国科学院可能到智利开展国际合作的其他领域提供支持；"文特峰项目"建于阿塔卡马沙漠地区的山峰之上，与欧洲南方天文台的甚大望远镜（VLT）直线距离约 30 公里，面积约 25 平方公里。该地块没有永久居民，也没有道路、电力、网络和通信等基础设施。同时，由于天文望远镜对于环境和基建的苛刻要求，项目建设难度很大。

　　在实际的工作中，鉴于爱德华多有着丰富的项目建设经验，了解智利的建设程序、规范和法律，熟悉智利的设计、建筑企业，他更多地承担了与当地政府和企业沟通的工作。我曾在中国从事了近十年的天文台建设工作，了解中国的经费申请、项目建设程序以及基建方面的相应规范。同时，由于长时间和天文科学家共事，我也熟悉天文项目实施流程，掌握天文设施对基础建设的需求，故而承担着与国内部门联系以及项目现场的技术性工作。在中国和智利不同的文化、行政背景下，我和爱德华多一外一内，协助王仲主任推动两个项目的实施。

　　在将近一年的合作中，爱德华多表现出良好的个人素养和专业水平。他不仅为人谦虚，彬彬有礼，善于倾听和沟通，而且能力出众。由于从事了近 40 年的建筑相关工作，且其中将近 20 年都在从事天文台站建设工作，他对项目的规划、招标、设计、实施等各个层面都有相当深的认识。同时，他曾长期同国际组织打交道，理解国际合作原则，拥有良好的英语口语和书写能力，对于天文台站的建设和运行管理以及文档撰写都有着丰富的经验。

图中上部为银河南端，大小麦哲伦星云清晰可见；
黄光照亮的部分是太阳射电望远镜的保护罩。

　　爱德华多和我的长辈年龄相仿，亦师亦友。在办公室有空位后，爱德华多邀请我和他分享同一间办公室，这增加了我向他学习的机会。我有任何技术上不明白的地方，他总是很有耐心地为我讲解。一年来，我在专业方面受益匪浅。在园区项目推进的过程中，我们一起与设计单位讨论设计方案，审阅图纸，起草、修订文档，确定技术细节。在项目招标准备过程中，他提供了全面、细致的文档，并邀请我参与审阅。这是我第一次阅读英文版的招标文件——各种不同的文档累计达数百页，多是采用书面语言的具备法律效力的条款——耗去了我将近一个月的时间。在文特峰项目推进过程中，我们与智利合作方 UCN 讨论合作细节，精选施工单位，规划台站方案，涉及地形测绘、地质勘探、报建审批等

南美中心工作人员访问阿根廷合影，居中为爱德华多。

各个方面，事无巨细，大家都能共同讨论和交流。鉴于我俩相似的工作经验，尽管有着文化和体制的差异，但项目推进起来，相互之间可以完全理解和信任。

在生活中，爱德华多为身处异国他乡的中国同事提供各方面的帮助和建议。智利的官方语言是西班牙语，而从事天文工作的人往往只会英语，对于学习西班牙语没有特别强烈的动力，但智利人对自身的文化和语言非常自信，除旅游景区外，超市和银行等生活中常去的地方，工作人员都不怎么会说英语。当我们遇到语言上的麻烦时，爱德华多会帮我们翻译。如果我们遇到居家生活方面的问题，他也能提供很好的建议，包括哪个农贸市场的蔬菜比较齐全或新鲜，什么家具性价比更高，等等。智利人通常会把周一或是周五的法定假日和周末连在一起休，类似于中国的小长假。我在选择假期出游目的地和方式时，总会第一个咨询他的意见。

2019 年 5 月，南美中心一行 7 人赴阿根廷圣胡安大学天文台访问，爱德华多和我也一同前往。我们驾车从圣地亚哥出发，横穿安第斯山，行驶近 600 公里。途中，爱德华多为我们介绍了各地的地理历史、风土人情，我则第一次记录了南半球绚丽的星空。

智利人热爱生活，总是把家庭放在第一位。爱德华多挂在嘴边的一句话是：Family is the first。因为工作关系，他的职业生涯中一共搬了 14 次家，从智利南边到北边，再回到圣地亚哥，但一家人始终在一起。他有四个儿子，都接受了良好的教育，考上了大学，在私立教育盛行、学费昂贵的情况下，这需要一笔不菲的开销。有一次我开玩笑说，你为欧洲人和美国人工作这么多年，收入不低，应该是个有钱人。他有些失落地回答：我有四个儿子，你知道的。转瞬间，他又自豪地说：我做了正确的事情，让他们受到了良好的教育，现在他们都可以自食其力了。在工作之余，他喜欢动手做木工，为家里添置各种家具，或是孙辈的木马、玩具，为此他在地下室布置了一个工作间。有一次，当我聊到想在国内自己动手做一些装修工作的时候，他自豪地向我展示了他在海滨公寓自己设计、制作的床头装饰，以及各种作品。

智利人喜欢做 BBQ（户外烧烤），这是他们重要的社交方式：邀三五好友，生火烤肉，喝酒聊天。爱德华多是个中高手，熟悉 BBQ 的食材选择、加工方法等，他还向我们推荐了著名的《烧烤圣经》电子书。智利人喜欢喝酒，超市里酒的品类非常多，销量也很好。有一次，他给我分享了他在家里酿制啤酒的过程和经验，还告诉我说这是很好的体验，手工制作的啤酒好于超市里的各种商业化产品。

同时，爱德华多喜欢新鲜事物，对智能化电子产品有极大的兴趣：家里的灯选择了语音控制的模式，大门安装了智能门锁，汽车专门安装了高度智能化的行车记录仪，家里也有不少小米周边产品。智利的电子产品全部依赖进口，价格十分昂贵。在购买时，他通常会考虑性价比，

爱德华多设计制作的
床头木结构和两个挑
空的床头柜。

爱德华多手工作品之
餐桌和调料托盘。

在阿里巴巴的海外站 Aliexpress 上网购，然后从中国发货到智利。无论是产品质量，还是快递方式，他都有一套颇有效果的方法。

　　时光如白驹过隙，在智利的时光短暂而快乐。在智利的这一年，我获得了新的工作经历，学习了不少先进台站的经验，结交了智利朋友；夫人也和国际上的同行建立了良好的合作关系，发表了重要的研究成果；女儿在幼儿园学习了西班牙语，认识了新朋友，并且爱上了这个地方，至今念念不忘。

智利汉语教学的发展与回顾

吴青军（暨南大学拉美中心副主任、中国国家汉办驻拉美办事处主任）

2009 年 8 月，应国家汉办派遣，我来到智利国立学院担任汉语教师。2011 年任期结束后，我又被借调到驻智利使馆文化处工作，主要负责中智两国之间的教育交流事务。两年的汉语教师经历加上三年使馆文化处的工作，让我对智利汉语教学的形成、发展、成就和目前状况有了较深的认识。

汉语教学在智利扎根

2020 年是中智建交 50 周年，两国在政治、经贸和文化领域的友好关系不断深入发展。作为两国交往的语言工具之一，汉语受到智利政府和社会各阶层的重视和支持，这为汉语在智利的推广创造了良好的环境和条件。基于智利社会对汉语人才的需求以及智利人民更多了解中国和中国文化的希望，近年来智利的汉语热仍在逐年升温。

汉语与智利的关系相当悠久。清朝晚期，大量中国劳工远赴南美，就把汉语带到了智利。现在智利的汉语热，可以追溯到 2004 年 5 月 1 日，智利举办亚太经合组织（APEC）会议期间，中智两国教育部长在圣地亚哥签署了《中智教育领域合作备忘录》。根据备忘录精神，双方政府将对智利开展汉语教学给予支持与协助。2006 年 8 月 21 日，随着中智自由贸易协定的生效，智利全国掀起了一股汉语教学热潮，参加汉语学习的人员日益增多。智利政府当时希望尽早培养出自己的汉语人才，计划用五年时间，通过与中国教育部合作并借助社会力量，为智利培养出50—100名掌握汉语的专业翻译人才。

中国驻智利使馆将汉语推广列为使馆整体外交中的重要工作之一，馆领导不仅十分重视，而且积极支持和参与。智利教育部内设有"语言打开大门"办公室，负责全国公立中学的外语教学。中国使馆积极与该办公室进行接触，推荐教育部国际司长兼该办公室主任访华，促使智利教育部重视汉语推广工作。

2009年6月26日，智利教育部在圣尼古拉斯市举行的全国中学外语教学大会上宣布，为配合和促进中智两国的友好往来，加强相关人才的培养，智利政府将汉语教学纳入中学外语教学体系。对此，中国国家汉办和驻智利大使馆给予了大力支持，如派遣教师、免费提供教材、提供全额奖学金、资助汉语学生赴华参加夏令营、邀请校长代表团访华等。

在中国使馆和国家汉办的不懈努力下，汉语教学在智利当地学校教育中形成了一股趋势，媒体经常宣传和报道，影响较为广泛。当地汉语教学质量和学生掌握汉语的水平显著提高。

这十几年来，随着中智两国各方面友好关系深入发展、中国的国际地位逐年提升、中华文化的影响力不断增强，智利的汉语教学取得了长足的发展和令人瞩目的成绩。智利目前共有3所孔子学院、6所孔子课堂、43个汉语教学点、60名汉语老师（其中包含9名公派教师、8名本土教师）。（信息来源：中国驻智利使馆文化处，2020年4月27日）。

搭建汉语教学平台

积极筹建孔子学院，建立国际汉语教学和中国文化传播的平台。

位于智利旅游重点城市维尼德尔玛市的圣托马斯大学孔子学院是中国国家汉办批准建立的南美洲第一家孔子学院，在拉美地区具有标志性的意义。在使馆的积极支持与配合下，该孔院开展了一系列大型活动，如成功举办"汉语桥"世界大学生中文比赛、首届智利汉语教师大会暨智利汉语教师协会成立大会，成功承办第二届伊比利亚美洲孔子学院联席大会等。该孔子学院还承担着国家汉办志愿者的西班牙语培训任务，并在 2010 年举办的全球孔子学院代表大会上被评为"全球优秀孔子学院"。

第九届"汉语桥"世界大学生中文比赛智利赛区预赛合影。

2008 年 8 月，国家汉办与智利天主教大学签署了关于南京大学与天主教大学合作建设孔子学院的协议。2009 年 5 月 5 日，天主教大学孔子学院正式挂牌成立。天主教大学位于首都圣地亚哥，辐射范围较广，是智利乃至拉丁美洲最有名望的大学之一。目前，汉语已经成为该校需求量最大的外语教学语种之一，仅次于英语。每学期注册学生人数在 400 人左右，教授课程丰富多样。利用首都地缘优势，他们经常组织汉语教学、文化展览和中国电影巡展等活动，在当地产生了较大的影响。

对上述两所孔子学院，不管是智方院校还是中方院校都给予高度的重视，配备了高素质的教师和管理人员，让教学得以顺利开展起来。例如，圣托马斯大学孔子学院成立后，很快制定了一整套教学大纲和活动计划，并红红火火地将活动开展起来。如今，智利的两所孔子学院已趋于成熟，学习汉语的学生逐年增加，在智利社会上的影响逐渐扩大，成为汉语教学、文化传播、合作交流的重要平台。

2010 年，原定在智利举行的第一届伊比利亚美洲孔子学院联席大会，因智利发生 8.8 级罕见地震，临时改在阿根廷召开。第二届大会在智利的维尼德尔玛市举行，由中国国家汉语国际推广领导小组办公室（国家汉办）主办、中国驻智利大使馆协办、圣托马斯大学承办。来自伊比利亚美洲十个国家的 25 所孔子学院的中、外方院长和与其合作的中国 25 所高校的领导和代表以及中国驻阿根廷、巴西、智利、哥伦比亚、葡萄牙五国使馆的文化教育参赞参加了联席会。在为期三天的会议中，与会代表们进行了数次分组讨论与集中发言，充分交流了各自的汉语教学经验，并结合区域特点，就未来几年汉语教学在西语国家和葡语国家的发展进行了深入的探讨与规划。

会议期间，时任汉办主任许琳女士还参观了智利圣地亚哥的长江学校，会见了十多位曾访华的智利中小学校长。这也反映了国家汉办对智利中小学汉语教学的重视。后来，国家汉办还特地给长江学校捐赠了一个小图书馆。

积极推进孔子课堂的建立

设在智利各地中学的汉语教学点是当地汉语教学最重要的延伸点，它们几乎遍布智利从南到北各地的公立中学。各校学习汉语的学生人数从几十人到几百人，他们可以说是汉语学习的"星星之火"。

孔子课堂是汉语教学点的升级版。相比其他的普通汉语教学点，孔子课堂每年可以获得更多国家汉办提供的资助、教学设备和图书资源等，同时可以为其他汉语教学点起到更好的示范作用。

国立学院、第一女子中学等六所中学，因为教学工作突出，学生基础良好，加上学校的大力支持，先后升级为"孔子课堂"。智利国立学院是首都著名的公立中学，多位总统曾在此就读。我在该校工作期间，在中国驻智利使馆和国家汉办的支持下，很荣幸促成了智利第一所"孔子课堂"在该校开设，在当地社会特别是教育界引起广泛关注。

说起孔子学院和孔子课堂在智利顺利设立，不能不提及已故的智利中华促统会前会长王卫江先生。在酝酿建立之前，王卫江已在智利官方注册了几个冠名"孔子"的文化机构。根据智利法律，其他机构在注册时不得使用同一名称。经刘玉琴大使亲自做工作，王卫江不惜经济损失主动撤销了其商标注册，十分慷慨地将"孔子"名称让与中国国家汉办。王卫江的这种积极支持祖国在智利弘扬中华文化的奉献精神值得记入中智文化交流的史册。

开展多种形式的教学和文化活动

很多初次接触汉语的智利学生，对汉语是一种完全好奇的态度。毕竟中国是离智利非常遥远的一个国度，当地民众对它知之甚少，更不用说学生了。大部分学生刚开始都是很怕学汉语的，毕竟是完全不同的语言体系，而且汉语有声调，汉字更是不同于字母文字，这些都是让他们望而却步的因素。但通过观看电影、展览，学习历史文化等方式，学生们开始喜欢上并愿意去接触这门语言。事实也证明，很多学生因为喜欢中国文化而最终坚持下来，语言也学得很好。

汉语的普及教学也确确实实给当地带来了改变。每年的"汉语桥"大学生和中学生汉语比赛应该是所有学习汉语学生的盛典。学生们通过汉语演讲、背诵中国古诗词、演唱中国流行歌曲、学跳中国舞蹈等多种形式参与比赛。很多学生借助此平台获得了孔子学院奖学金前往中国学习。此外，中国使馆还为智利大学生和社会青年颁发赴华留学政府奖学金，资助范围包括语言学习和各种专业学习。每年，中国政府给智利的奖学金名额有 20 人左右，很多智利人通过此途径获得去中国学习的机会。他们有的后来留在中国发展，有的回到智利后从事不同的工作，其中绝大多数人都怀着对中国十分友好的感情，在中智政治、经贸、文化交流中起到了推动作用。

孔子学院的学生表演舞蹈《青花瓷》。

为了加强汉语教师之间的交流和学习，2010 年 10 月 1 日，由中国国家汉办 / 孔子学院总部资助、智利圣托马斯大学孔子学院主办、中国驻智利使馆文化处协办的首届智利汉语教师大会暨智利中文教师协会成立大会在圣托马斯大学隆重举行，来自智利 12 个地市的 50 余位代表出席了大会。根据中国驻智利使馆文化处的建议，大会期间成立了智利中文教师协会。

除了教师协会，定期组织的教师培训也是中智教育界一个重要的交流平台。2014 年 11 月，首届拉美本土汉语教师培训在智利圣地亚哥举行。本次培训由国家汉办 / 孔子学院总部主办、孔子学院拉丁美洲中心承办，共有 27 名来自 10 个国家、24 所孔子学院 (孔子课堂) 的教师代表参加。汉语水平考试（HSK）的推广是智利汉语教学的又一重要举措。由侨胞黄素贞创办的中华文化中心，在使馆的帮助下首先成立了 HSK 考试点，这也为汉语在智利系统化、规范化地发展打下了一个很好的基础。后来，很多当地学习汉语的学生都会选择参加这个考试，拿到相应的证书，为他们今后求职增添砝码。

形式多样的文化活动经常在当地的孔子学院和教学点举行。2012 年 7 月，在中央电视台、新华社、中国日报、人民日报、中国广播网、国际在线等中国六大媒体访问智利天主教大学之际，由该校孔子学院主办的第一届"青花瓷杯"中国文艺大奖赛决赛在中心校区隆重举行。本次活动受到智利社会各界的高度关注，使中国文化在智利民众心中画下了浓墨重彩的一笔。正式比赛开始前，孔院还向公众开放了语言和剪纸、书法、歌曲等文化体验课堂，共有来自当地各界的百余人参加，其中既有 68 岁的老人，又有 6 岁的孩子，反响十分热烈。时任智利外交部多边司司长奥尔金夫妇也闻讯前来体验书法课堂。正如时任孔子学院院长段妮燕所说："正是由于这些文化课的成功开办，不仅大大激发了学生们学汉语的兴趣，也使得越来越多的人喜爱上了中国。"

　　孔子学院还打造出"欢乐春节"文化活动品牌。自 2011 年起，圣托马斯大学孔子学院每年都与使馆和维尼德尔玛市政府三家联合举办"欢乐春节"系列活动，其中包括中国艺术团演出、巡游、展览等。2013 年的"欢乐春节"活动轰动了维尼德尔玛及周边城市。孔子学院邀请了南京京剧团来该市演出，同时组织了华侨和当地的鼓队、舞龙舞狮团、武术队巡游和表演。中国国粹让当地人民耳目一新，演出场场爆满，现场洋溢着两国友好的热烈气氛。为配合此项活动，市政府首次在维市沿海船上燃放焰火，五彩缤纷的烟花使该市和邻近的瓦尔帕莱索市笼罩在欢腾的喜庆气氛中。当地主流媒体《星报》《信使报》等每次都进行现场采访，并用大幅版面刊发图文并茂的报道。

　　智利哈别拉·卡雷拉第一女子中学是前总统巴切莱特的母校，每年12 月学期结束的时候都会举办一次专场"汉语秀"。全校师生观看"中国诗朗诵""中国舞蹈秀""中国服装秀""流行中国歌""中国剪纸"等才艺表演，精彩的演出常常博得阵阵喝彩。

哈别拉·卡雷拉第一女子中学老师与学生们表演节目。

　　智利国立学院成立于 1813 年，前后培养出 17 位智利总统，汉语课在这所中学从最初的只有 50 人左右的兴趣班，逐渐发展成为约 500 名学生的必修课，并且汉语成绩要记入学生档案作为高考选拔的参考项。在这所有着 200 多年历史的男子高中，学习汉语已经蔚然成风，先后有多名学生获得"汉语桥"中学汉语比赛的冠军，并由此获得去中国学习深造的机会。孔子课堂的建立大大提高了校方开展汉语教学的积极性，多种形式的文化活动更是加深了全校师生对中国文化的了解。

　　纳塔雷斯港市位于智利最南端的麦哲伦大区，号称"南半球的天涯海角"。该市与著名的百内国家公园比邻，是智利南部重要的旅游城市，虽然只有两万人口，但每年来自世界各地的旅游者却达十多万。该市仅有的加夫列拉·米斯特拉尔和路易斯·克鲁兹·马丁内斯理工学院的两所公立中学同时开设了汉语教学，中国国家汉办派遣了汉语志愿者来此任教。市政府对两所中学开设汉语教学给予了大力资助，这也成为一段佳话——汉语传播到了地球最南端。

组织师生亲历中国文化

　　为了配合汉语教学并使各校领导加深对中国的了解，应中国国家汉办邀请，智利圣地亚哥教育局牵头组织了全国 15 所开设中文教学的学校的校长组团访华。这些校长们来到中国后，对中国博大精深的文化和繁荣昌盛的景象赞叹不已。

　　时任女子第一中学校长胡丽娅·艾丽亚娜从事教育工作 35 年，担任该校校长 13 年，是智利中等教育界知名女教育家。她感叹道："中国的魅力不仅在于她的经济，更在于她的包容万象，她的文化积淀和她的伟大的人民。这些构成了一个有血有肉的中国。"成立于 1901 年的马尔塔·布鲁内特女子中学是奇廉市规模最大和最早的公立中学，校长埃科多尔·阿尔瓦多对我们说，他去过很多国家，但没有一个国家像中国这样充满活力和能量。他很感激中国政府派志愿者去他们学校任教，希望汉语能为他们的学生打开一扇新的大门。瓦尔帕莱索高等商业学校建于 1903 年，是中智两国教育领域合作谅解备忘录签署后最早开设汉语教学的三所学校之一。校长玛卡丽·罗萨斯说，选择开设汉语课是学校领导层的一致决定，来到中国后她发现，他们的决定是多么的正确。这些校长们基本都是第一次到中国，他们参观了长城、故宫，访问了北京和上海的中小学校，游览了上海浦东新区，对博大精深的中国文化和改革开放的巨大成就赞叹不已，深感他们选择汉语教学的正确性，一致表示回智利后不但要更加支持汉语教学，而且要让学生热爱中国，更好地了解中国文化，将来成为推动两国友好关系发展的人才。

与校长访华团合影。

　　勤奋学习汉语，努力使用汉语，是智利青年学习汉语的普遍写照。无论是在智利本土还是来华学习汉语后，他们都非常活跃，将汉语作为不可缺少的工具和桥梁，在推动中智两国经贸关系和文化交流中发挥着重要作用。

　　我的朋友卡琳娜·费尔南多小姐曾在巴切莱特总统第一个任期内担任教育部国际司"语言打开大门"办公室主任，她对华友好，热爱中国文化。智利政府确认了汉语在教育体系中的地位后，卡琳娜积极支持和推动汉语教学项目的开展与合作。卸任后，她获得中国政府奖学金来华留学。在华期间，她目睹了中国改革开放取得的巨大成就，认识到汉语在两国交往中的重要性，结业回国后创建了"跨越太平洋基金会"，不遗余力地通过民间渠道在智利中小学推广汉语教学，包括制作和传授网络汉语课程、帮助当地学生获取中国奖学金、开办中国文化讲座等等。为表彰她的贡献，中国驻智利大使馆文化处授予了她"中智文化交流奖章"。

　　中智相隔万里，汉语近在咫尺。正如巴切莱特总统到中国驻智利使馆做客谈到汉语教学时向刘玉琴大使所表示的，"智利政府将继续支持和扩大汉语教学，我相信汉语将会在推进两国政治、经贸和文化方面的交往中发挥更大的作用。"2017 年 11 月，巴切莱特总统在圣托马斯大学孔子学院成立十周年庆典上致词时又表示："21 世纪将是亚太的世纪。我们非常清楚，对于智利来说，与亚太，尤其是与中国的关系至关重要。中国经济的增长，以及中国在全球贸易和投资中的地位，使汉语成为现在和未来都非常重要的语言。明年 3 月卸任总统后，我也想来孔子学院报名学习汉语。"

天边的中文学校

韩平伟（中国外交部拉美司退休干部）

　　为了传播中华文化和帮助世界各国人民学习汉语，中国与很多国家的大中学校和文化机构合作，在全球建立了数百所孔子学院和孔子课堂，影响力不断扩大。然而，很多人不了解的是，居住在世界各国的华人华侨，为了让子孙后代留住根脉，从很早以前就已经开始创办华文学校。他们更多的是依靠自己的力量，克服了很多困难，至今在海外居住国共开办了大约2万所此类学校。其中有一所就在"一带一路"的尽头，即位于南美洲的智利共和国首都圣地亚哥，它就是"智利智京中华会馆中文学校"。2017年12月20日，在北京召开的第四届世界华文教育大会上，中国国务院侨办授予这所学校"华文教育示范学校"称号（全球现有约300余所学校获此称号）。

2018年9月29日，徐步大使（左三）出席中文学校活动，并为国务院侨办颁发的"华文教育示范学校"牌匾揭牌。

智利是距离中国最遥远的国家之一，那里第一次出现中国人是在1850年。中国人移民智利则是在智利-秘鲁太平洋战争（1879—1883年）以后。他们大都是战争中被智利军队解放了的在秘鲁做工的华人苦力，其中不少人来自中国广东省，战后主要工作和生活在智利北部的安托法加斯塔市和伊基克市一带。随着智利经济的兴衰，他们中的一些人后来南下，逐步来到了首都圣地亚哥。

1893年6月15日，100多名华人在圣地亚哥成立了一个华人社团，即"智利圣地亚哥智京亚洲会馆"。1923年，该社团更名为"智利智京中华会馆"，其宗旨是"慈善、爱国、团结、发展"。这个社团的侨领们多年来广泛联系在智侨胞，维护侨胞利益，传播中华文化，努力造福并融入当地社会，对促进中智人民相互了解、发展两国关系发挥了积极作用。

早年来智利的华人不多，主要从事肉店、杂货店、餐饮等生意。他们历尽艰辛创下产业后，期望后代在海外也能有机会学习汉语言文化和中华五千年历史。会馆章程里早有"开办中文教育"的内容，但由于智利的华文教育基础薄弱，华裔子女在智利虽然可以受到良好的教育，成为有成就的专业人士，却基本不会读写中文和讲汉语普通话。他们中有不少人会讲客家话，但对祖籍国中国的了解十分有限，错误地认为客家话就是中国官方语言。

智京中华会馆历来重视汉语言学习和中国文化教育，历届理事会均为开展中国语言文化教育作出过积极的努力。20世纪曾经两次办学：第一次，创办了"培英学校"（1946—1967年），后由于资金问题而停办；第二次，在旅智侨胞张伟廉先生任会馆主席期间（1979—2001年），为华裔子女开办了中文学习班，遗憾的是未能长期坚持下去。

20世纪上半叶，中国国内去智利的人很少。1978年中国改革开放后，旅智华人逐年增多。2000年以后，来智做贸易和投资的移民人数开始迅速增加。由于中国经济高速发展，很多中外公司青睐同时掌握中、英和当地语言并有中国文化背景的人才，各国也意识到了学习汉语的重要性，开始出现世界范围的"汉语热"。同时，在智华人子女越来越多，却没有学习母语的正规课堂，令华人父母十分焦急。智京中华会馆的侨领们洞察形势，决心抓住时机，再办中文教育。

2002 年 2 月，以陈桂陵主席和彭奋斗、胡金维两位副主席为首的新一届会馆理事会上任，开办中文学校提上了工作日程。理事会决定，将 2000 年新落成的原本用于安置孤寡老人的会馆大楼三层全部改造为教室，并于 2002 年 11 月成立了中文学校筹备小组。经调查统计侨界学龄儿童人数并听取各方对办学的建议，理事会下定决心：哪怕只有一个学生，中文学校也要办！会馆秘书长马志华、谭胜昌，还有余秋麟、郭文、周锦文、何国新等全体理事抛开个人生意，积极投入各项准备工作。热心公益事业的侨胞们不分地域，献计献策，为学校捐款捐物。有文化、有教学经历的侨胞们不计报酬，不计时间，积极报名当老师。

2003 年 7 月 5 日，在智京中华会馆馆址（大教堂 /CATEDRAL 街 2135 号）举行了隆重的会馆中文学校成立大会和开学典礼，时任中国驻智利大使任景玉和夫人王淑琴及大使馆全体馆员到会祝贺。任大使向会馆陈桂陵主席转交了中国国务院侨务办公室的贺信和 200 套中文教科书，并为学校题词："薪传中国语言文化，增进中智人民友谊。"会馆胡金维副主席与华裔少年儿童一起为学校开学剪彩。智利各侨团侨领、中资公司代表和众多侨胞、家长及学生数百人到会。学校成立当天即开课，报名学生达 90 人。八位侨胞担任学校老师，他们是：刘瑞华、张蕴红、史惠萍、陈晓岚、卓德玉、王雪琰、李青岩（男）和王承福（男）。韩平伟出任校长（2003 年 7 月至 2017 年 2 月）。

现　状

智京中华会馆中文学校是一所公益性的周末制华文学校，校训是"明德勤学，爱国弘文"。其宗旨在于通过传授中文和中华文化，提升华人华侨子女的文化素质，密切他们同祖籍国中国的联系，增强其在未来世界的竞争力，从而成为中外交流的桥梁、中智民心相通的使者。

学校现有自己的教室、图书馆、活动大厅，均为会馆多年来靠勤俭节约积累资金建造的房产。自学校成立始，中国国侨办一直免费提供中文教科书，赠送了"华星书屋"和"育侨图书室"两批图书，并拨款用于学校基础设施的扩建和改善。广东省侨办赠送了一些文具、图书和乐器。学校办学经费来源主要是学费、会馆财务补助、社会捐赠等。自2005年至今，智利江苏商会郁飞会长每年都向学校赠送大量奖品，以鼓励华人子女努力学习中文。

智京中华会馆中文学校成立至今，先后有约600名学生来校上课。自2006年起，学校开始组织学生参加由中国侨联、人民日报（海外版）、《快乐作文》杂志社等国内媒体联合举办的"世界华人学生作文大赛"，共计有17名学生的19篇作文分别获得一、二、三等奖，其中大部分作品已被收入河北教育出版社每年出版的《世界华人学生作文大赛获奖作文选》一书。

2012年10月20日，中文学校第一次参加国家汉办在智利天主教大学孔子学院举行的全球汉语水平考试（HSK），在智利出生长大并在中文学校坚持学习多年的10名学生勇敢报名，并全体通过考试（分别为HSK4级和5级）。从此学校开始每年组织学生参加HSK 4—6级考试和汉语口语考试，至今已有40多名学生获得国家汉办的考试成绩等级证书。

教师是办学之本。会馆中文学校建校至今，已有百十来位教师在此工作过。他们中大多数人是从国内来智经商的侨胞，有文理本科或大专学历，还有一些智利本地大学的华人学生，也有少量公派教师、汉语教学志愿者和国内大学来智利的交换生。国内师范专业毕业又有教学经历的人不多，会才艺的人才更是难求。教师们为华文教育走到了一起，尽管报酬不高，但他们依然认真备课，工作积极热情，为华人学生学好汉语尽自己所能。

2017 年 12 月，在学校工作长达十年之久的张韵红、孟翠萍、梁静和韩平伟四位老师荣获中国国务院侨办"海外优秀华文教师"称号。2018 年，张一枚和杨堰两位老师通过考试获得"高级华文教师证书"。

近年来，曾在会馆中文学校学习中文，并在智利本土大学学习其他专业的学生陆续回校教书。这些老师熟悉当地情况，会说中、英、西三种语言，有的还在中国进修了华文教育专业，他们返校任教让人感到欣慰：智利华文教育后继有人了！

学校重视专业培训，每当国家汉办在中国或智利各孔子学院举行培训活动，学校都会组织教师参加。2011 年，韩平伟校长参加了中国国侨办在湖南师范大学举办的"印尼、美洲海外华校校长培训班"。2019 年 8 月，学校加入中国华文教育基金会组织的"华文教师完美远程培训"，从此学校教师可与全球万名华文教师一起，随时随地上网学习华文教育专业知识。

宣传工作对学校的发展至关重要。中文学校成立时，根据会馆时任主席陈桂陵先生的提议，智京中华会馆侨刊《旅智华声》为学校开辟了"中文学校小天地"栏目。该栏目由校长编写，至今已做到第 97 期。主要内容是学校的新闻报道、学生作文、美术和书法作品，华教资讯、教师工作体会，活动图片，等等。旅智著名书法家王承福先生的作品为刊物增色不少。

学校每年举办学生书画作品展览。最初的作品都粘贴在各班的"学习园地"中。后来，会馆主席胡金维先生（2008—2015年在任）亲手制作了两个板报架，学校开始出大板报，由校长和老师们编排，每年一期，放在会馆二楼大厅。2009年，大板报第一期的标题是"爱祖国，爱家乡——庆祝中华人民共和国成立六十周年画展"。至今，学校已制作了共11期不同标题的板报，向来人展示学校工作。

2018年，学校增加了美术专刊大画板，每年制作一期。毕业于江西师范大学美术系的杨堰老师和她的学生们的国画作品光彩夺目，轰动了侨界，已成为中文学校的骄傲。

学校还有一支舞蹈队，成立于2007年9月，先后有几十名6—15岁的女生参加。她们热爱中国舞蹈，多次代表学校参加了智利主流社会、外交界、华侨界的庆祝和慈善活动，受到当地社会的好评，是人见人爱的中智文化交流小使者。

2006年12月，学校开始组织智利华裔学生参加中国国侨办举办的"海外华裔青少年寻根之旅"冬令营活动。至2019年，先后有11批约150人前往中国，分别在广州（3次）、重庆（2次）、海口、登封少林寺、桂林、厦门、惠州、西安参营，领队由家长或学校老师担任。丰富多彩的冬令营活动开阔了学生们的视野，激发了他们对中华文化极大的兴趣，祖籍国中国对智利华裔青少年来说已不再陌生了。

学校还积极参加会馆理事会接待中国访智团组以及来访的智利社会著名人士。2019年4月7日，智利前总统弗雷先生参观中文学校，与老师和学生们进行了亲切交谈，中文学校向弗雷总统赠送了礼品。

结　语

　　世界变化日新月异，华文教育与时俱进，不断向前发展。海外三百年华文教育历程中逐渐形成的 "热爱中华文化、坚守精神家园、不畏艰辛、不计付出、砥砺前行"的华文教育精神激励着智京中华会馆中文学校全体教师。他们正再接再厉，继续搞好华文学校"正规化、标准化、专业化"三化建设，在位于天涯海角的智利共和国唱响中华民族的母语长歌。

长江后浪推前浪 中智友谊久远长
——记智利"长江学校"

李保章（中国前驻智利使馆文化参赞）
伊萨埃特·希德·哈拉（前智利长江学校校长）

在智利圣地亚哥首都大区的皇后市，提起"长江学校"，几乎家喻户晓。它不仅是当地的模范学校，而且长期开展中国文化宣传和中智友好活动，在当地少年心灵中播下了中智两国友谊的种子。

该校建于 1972 年，最初名为"新智利学校"，是一所公立全日制小学，在圣地亚哥大区同类学校中属于中等规模，有学生 600 多名，分为学前班和 1—8 年级的普通教育。该校教育质量较高，在智利教育部全国教学质量检查中连年获得好评。校长伊萨埃特·希德·哈拉女士年轻时即投身于教学工作，是该校创始人之一。在她的努力下，学校规模不断扩展。2001 年，她被政府评为全国优秀教育工作者。

对华友好，冠名"长江学校"

伊萨埃特对中国的友好感情和对中国文化的了解，源于她嫁给了英俊、勤劳的华裔青年吉尔莫·张。张先生早年经营中餐馆并烧得一手好广东菜，因此伊萨埃特不仅对中国烹饪颇为青睐，而且在与他的交流中了解到中国的历史与文化，渐渐地对中国的文化情有独钟。

1970 年，智利在南美第一个与新中国建交，自此中国在智利的影响逐年提升，中国及其文化得到智利社会普遍的认同。从 20 世纪 80 年代初起，伊萨埃特校长开始与中国驻智利大使馆友好交往并经常在校内开展各种中国文化宣传活动，如请使馆文化官员到该校讲课、开设中国剪纸课、举办中国儿童电影周和图片展等。

为寻求一个能够体现和反映中智两国人民之间友谊的象征，伊萨埃特校长经过思考并征得其他校领导和老师的同意，决定将学校更名，改为一个中国化的名称。1986 年，伊萨埃特校长到中国使馆拜会了黄士康大使，在品尝茉莉花茶后，她提出希望黄大使帮助给学校取一个中国名字。经过思考，黄大使建议用"长江"一词，因为这条举世闻名的大河可以代表中国源远流长的历史、壮美辽阔的河山以及博大精深的文化。伊萨埃特听了非常高兴，她认为"长江学校"一名彰显了中智两国的友好关系，能促进学生们热爱中国，了解中国的历史与文化。随后，学校更名为"长江学校"的方案得到了皇后市政府和智利教育部的批准。

1987 年 3 月，新学年伊始，学校举办了隆重的冠名典礼。大门口悬挂着中智两国国旗，中文和西班牙文的"长江学校"牌子格外醒目，大红灯笼和中国的装饰品点缀着校园和典礼台。智利教育部长、皇后市市长和黄士康大使分别致辞祝贺学校冠名"长江学校"，一致表示这是中智两国友好的象征，是促进智利少年儿童了解和热爱中国的样板。黄大使代表使馆向学校赠送了图书、文化和体育用品。冠名典礼结束时，学校师生以及家长的掌声和欢呼声响彻校园，一片欢乐喜庆的气氛。

冠名后，长江学校一直注重培养学生们对中国的友好感情，积极宣传中国文化。2002 年，任景玉大使挥墨为长江学校题字并定制校牌赠送给学校。

为中智两国友好关系锦上添花

长江学校已成为中智两国人民友好的象征。伊萨埃特校长经常率领学生们参加中国使馆以及当地友好团体组织的各种中国文化活动。中国使馆与圣地亚哥市政府几次合作在市政大厅举办中国图片展和风筝展，长江学校的学生们每次都来到现场，身着中国少数民族服装站立在主席台两旁，成为一道靓丽的风景，为开幕式锦上添花。

1990 年，中国国家主席杨尚昆会见智利长江学校校长伊萨埃特。

长江学校积极参与接待中国国家领导人和高级代表团访问智利的活动。例如，1990 年，杨尚昆主席作为中国访问智利的第一位国家元首，在下榻的饭店专门接见伊萨埃特校长和师生，询问了长江学校的建立与发展情况并赠送了礼品。1996 年 11 月，李鹏总理访问智利期间，夫人朱琳女士参观了该校，代表中国学生向长江学校赠送了文娱用品和40 套中国少数民族服装，并在留言簿上写道："长江学校像一条连接中智两国人民的彩带。"2001 年，江泽民主席在新世纪伊始出访拉美，智利成为此访的首个国家。江主席及代表团抵达饭店时，身着智利民族服装的学生们在大厅跳起国舞——奎卡舞，江主席驻足并微笑地向学生

1996 年，中国国务院总理李鹏夫人朱琳到
长江学校参观。

们挥手致意。2006 年，吴邦国委员长访问智利，伊萨埃特校长率领师
生参加了欢迎仪式，身着中国少数民族服装的学生们在专机舷梯旁手擎
鲜花用中文高呼"热烈欢迎"。吴邦国委员长和夫人微笑着来到学生们
面前亲切问候，学生们也高兴地用中文回应"你好"，其中一位女生反
问："你好吗？"吴委员长高兴地回答："很好！谢谢！"吴委员长访
问结束时，伊萨埃特带领学生们到机场送行，吴委员长特意来到师生队
伍前合影留念并赠送了纪念品。在学生们一片"再见"声中，吴委员长
登机并在机舱门前挥手告别。

令人记忆犹新的是，1996 年中国海军舰艇编队首次访问智利时正
值冬季，为表达智利人民对中国海军的欢迎与问候，长江学校组织了
30 多名师生凌晨 4 点从圣地亚哥出发，克服寒冷与困意，行程 100 多

2006 年，吴邦国委员
长夫妇在机场与长江
学校师生告别留念。

1996 年，长江学校师
生参观中国海军舰艇。

公里赶到瓦尔帕莱索港口。当军舰徐徐驶进港湾时，师生们顿时兴奋起来，冒着寒冷的海风，挥动着中智国旗，用中文高呼"热烈欢迎"，此情此景令在场的所有人无不为之感动。一名海军军官引领师生们登上军舰。参观结束时，军官拿出中国糖果分发给大家，学生们高兴地相互转告："快过来，这里有中国糖。"

2010 年 12 月，刘延东国务委员在对智利进行访问时，特意参观了长江学校。伊萨埃特校长带领师生们对学校进行了精心布置，校园充满了中国文化元素，呈现出一派节日气氛。刘延东国务委员率代表团抵达校门口后，学生们同样身着中国少数民族服装、手擎中智国旗用中文高呼"热烈欢迎"。伊萨埃特校长引领中国贵宾观看了题为"中国 - 智利友谊"绘画比赛的优秀作品展。低年级学生们用中文演唱改编的中国儿歌："我的朋友在哪里？在中国，在智利，我的朋友在这里……"高年级学生跳起了新疆舞，欢迎来自遥远国度的中国贵宾。伊萨埃特校长对刘延东深情地表示，一定要努力把长江学校办得越来越好，让智中友谊像长江之水滚滚向前，像巍峨的安第斯山脉那样延绵不断、地久天长。刘延东向长江学校捐赠教学设备，并在该校贵宾留言簿上题词："在长江学校，我们看到了中智两国人民友好的未来，祝你们培育的友谊之花绚丽争艳。"

此外，长江学校的师生还以同样的装束和格调参加了中国南极科学考察船欢迎仪式，接待了中国政府文化代表团、中国对外友协代表团、中国广播电视代表团等多个团组，为中智两国友好关系的深入发展锦上添花。

成为智利小学汉语教学的先锋

进入新世纪以来，中智友好关系发展进入新阶段，两国贸易逐年大幅递增，各方面交流不断扩大。与之相应，汉语教学如雨后春笋般在智利一些大学和中学破土而出。为培养汉语人才，2008 年，长江学校提出了开设汉语班的设想，中国使馆给予大力支持，捐赠了一批汉语教材和安装了教学软件的电脑，国家汉办为该校派遣了一名汉语志愿者。在皇后市政府的认可和支持下，长江学校成功开设了汉语教学课程，成为全智利唯一教授汉语的小学。

自 2010 年起，学校正式将汉语列为必修课，从学前班到八年级共 17 个班级均开设了每周一节的中文课。现任校长罗哈斯女士表示，由于与中国的情谊渊源，学校非常重视中文教学，正在不断摸索更好的教学模式。通过学中文以及中国文化实践课，学生们对中国的了解和对中国文化的兴趣都在逐步增加。中国国家汉办派遣的志愿者李东旭老师与学校一起专门研究和制定出一套针对小学生的汉语教学方法，除了汉语基础对话外，还用画册、影视、中国歌舞等，让学生们认识中国，感知中国的文化，再用卡片形式指导他们如何发音，之后教他们一些问候语和到中餐馆点菜、到中国商店购物等需要经常用的短语。学会了中国话，学生们到处找机会练习和展示。经智利驻华使馆推荐，长江学校与北京府学胡同小学建立了校际关系，定期相互交流信息和教学经验。

2011 年，中国国家汉办在智利举办拉美孔子学院大会，伊萨埃特校长率领学生们来到饭店欢迎汉办代表团。身着中国少数民族服装的学生们用中文问候"欢迎""你好"。许琳主任听了非常高兴，对学生们说："你们的汉语发音很不错嘛，希望你们将来有机会到中国留学深造。"她还指着赠送给学校的大熊猫吉祥物说，"到中国去看活的熊猫。"许主任对伊萨埃特校长表示："感谢你把长江学校办成汉语教学的阵地，国家汉办将对你们的工作给予大力支持。"

站在南京长江大桥上放声歌唱

2002 年，中国对外友协向长江学校发出访华的邀请。伊萨埃特在给使馆文化官员的电话里激动地表示："听到这个消息我哭了，彻夜无眠。能够去中国是我一生的愿望，特别是我领导的学校冠名之后，我们逐渐了解了中国及其文化，日益加深了对中国的感情。我们高兴地期盼着愿望的实现，深切感谢中国政府对我们的关爱。"

这年 9 月，伊萨埃特校长与该校的另外三名校领导和教师组成的代表团踏上了她们热爱和向往已久的中国，她们都是第一次来到中国。根据代表团的要求，对外友协特意安排她们去了南京。站在南京长江大桥上，伊萨埃特校长兴奋地表示："15 年来，我们每天都在重复'长江'一词，今天终于见到了长江，实现了多年的梦想。"目睹脚下水面宽阔、浪涛滚滚的长江，她们仿佛看到了中国源远流长的历史。此刻，她们热泪盈眶，不禁唱起了智利歌曲，希望让滚滚的长江知晓，在遥远的智利有一所以"长江"冠名的学校。回到智利后，她们将拍摄的照片集中在一起，举办了展览和报告会，和全校师生共同分享她们的喜悦心情。

作为智利唯一将汉语纳入教学大纲的小学，2009 年，应中国国家汉办邀请，伊萨埃特随智利开设汉语课程学校的校长代表团再次访华。第二次访问中国，更加坚定了她培育中智友谊接班人的决心。

伊萨埃特校长表示：我们一直坚持"寓爱于教，厚德育才"的校训。自冠名"长江学校"后，我们的育才工作又被赋予了新的内涵，这就是教育学生热爱中国，了解中国及其文化。

2016 年 11 月，在对智利共和国进行国事访问之际，中国国家主席习近平在智利《信使报》发表题为《共同开创中国和智利关系更加美好的未来》的署名文章。文章中特别提到："在圣地亚哥有一所'长江小学'，寓意中智友谊如同长江一样，后浪推前浪。"这是对长江学校在推动中智友好、文化交流和教育合作方面的莫大肯定。

年复一年，长江学校送走了一批批毕业生，他们无论走到哪里，从事何种工作，中国文化与中国情结都像长江之水一样，始终荡漾在他们的心田里。

智利学习中文简史
——穿越太平洋的另类方法

卡琳娜·皮娜·佩雷斯（跨太平洋文化交流协会主任、智利前教育部语言计划主任）
罗德里戈·法布雷加·拉高（跨太平洋文化交流协会主席、智利前教育部国际关系主任）

对理解的贡献

2004 年，圣地亚哥召开了一次重要的国际会议，旨在规划亚太地区的未来。为了使每个与会人员都能互相理解，配备了英语、汉语、法语、日语和西班牙语的同声传译。虽然会议关注的焦点在于人类未来的大型的基础设施项目、技术以及其他重要的战略联盟，但中国代表团的年轻人见缝插针，给大家分发了一个彩色文件夹，其中包含光碟的说明，可以用来学习汉语。智利教育部长塞尔吉奥·比塔尔就收到了一个，他拿出一个小笔记本，将此事写入备忘录。第二天，他与他的顾问会面时就开始设计一个在公立学校教授普通话的项目，目标是到 2010 年，培养 100 名智利年轻人会说汉语。该计划立即启动并邀请了来自中国的老师。在 2005 年的第一学期，智利的三所中学开始教授汉语。

自 19 世纪以来，智利就已经接待了来自中国的来访者。现在，则是第一次把汉语教育加入教育项目中。

这不是第一次在智利教授汉语。此前，智利民间已经开展了很多非常有趣的中文教学活动，但没有像现在这样提出国家层面的目标。所需要的努力一定是巨大的，必须与中国当局一起完成。长期担任国际关系办公室官员的玛格丽塔·托莱多女士已经与驻圣地亚哥的中国外交官进行了数十年的沟通，她满怀信心地认为这次可以做一个更大的教学项目。

当时，中国大使馆文化专员李保章先生来到智利教育部，商谈落实两国政府间关于开展必要活动以实施共同项目的协议。由于智利教育部和中国国家汉语国际推广领导小组办公室（汉办）之间的合作，在智利的公共教育系统中开设中文教学的奇妙冒险拉开序幕。首先开始的地区是瓦尔帕莱索和比奥比奥，其他城市紧随其后，并且越来越多的地方提出要在他们的学校里教授有关中国文明、文化和语言内容的申请。

挑战既清晰又刺激。面对学习汉语的困难，尽管有师生的共同努力，但并非所有人都能完成。我们意识到自己正处于一个特殊时期，在这个时期，只有相互了解的强烈意愿才是克服文化和语言困难的真正动力。

许多人并未认识到智中两国人民之间增进相互了解的必要性。也有人认为，即使有热情，但是他们真的会在智利的高中学会汉语吗？只有一种方法可以找出答案：接受测试。测试借助第三方，即在圣地亚哥成立的中国文化中心。2009 年，我们对近三年来进行汉语学习准备的140 名学生进行了青年汉语测验（YCT）。测试结果非常好，38%的学生在"基础水平"项目上获得高分。中国方面迅速对这一结果作出反应，邀请所有在测试中获得优异成绩的学生参加中国的"青年营"。

汉语世界训练营定于 2009 年 8 月举行，但由于禽流感在中国部分地区肆虐，为了确保所有人的安全，相关组织者决定推迟举行时间。合理的挫折并不会打消参与者的热情，因为很快就宣布了新的开营日期。2009 年年底之前，这些勤奋的智利学生去了中国，收获了一段令人难忘的经历。这是他们第一次登上飞机，这是他们第一次离开智利，就像一位动情的母亲在圣地亚哥机场送女儿出发时说的那样："他们将穿越太平洋！"他们在炎热的天气中与圣地亚哥告别，却被北京和西安的大雪热情欢迎。学生们眼花缭乱，在两座拥有千年历史的城市中体验欢乐，并惊奇地观察在途中遇见的一切。学生们参观了位于北京西城区的国家汉办总部；在科学技术博物馆中回顾历史，畅想未来；进入世界上最大的"鸟巢"里面；在水立方中的水下感受自己；见识到了丝绸和珍珠市场的讨价还价。他们在离北京不远的地方目睹了中国长城的雄伟，爬上了陡峭的台阶。在西安，他们参观了建于公元652年的大雁塔和人类文化遗产兵马俑博物馆。在训练营活动结束时，主办方进行了汉语考试以评估学生在训练营期间的学习成果。国家汉办再次认识到这些智利年轻人的工作、兴趣和开拓精神，并为他们颁发了证书。

这些年轻人用行动证明：只要付出努力和乐于奉献，就可以走得更远。就像老子说的："千里之行，始于足下。"

2010年智利遭受了地震的袭击。地震造成了巨大的破坏，使智利人民深受苦难。兄弟国家为智利的重建提供了帮助。尽管困难重重，但智中两国认为，接受14名中文教师在智利不同城市任教是安全的。因此，在可怕的地震发生不到一个月后，这些中文教师就抵达圣地亚哥。他们受到了热情的欢迎，我们感谢他们将中国人民的友谊带给了智利学生。我们表示，他们致力于一项艰巨但美好的工作，为渴望知识的孩子们带来了希望。我们认为他们是真正的文化使者。

这就是2010年智利大多数地区开始教授中文的情况。智利学生带着热情和兴趣，走进中文课堂，去了解这一千年文明，其文化、艺术、体育以及为未来提供的就业机会。

在短短的6年中，智利的中文教学计划得到了全面落实，从而以严格、热情和超出最初期望的方式加强了智利与中国之间的友好联系。

相同的目标，但现在来自民间

回顾过往，我们非常荣幸能够与其他国家一道，为加强与中国人民之间的友谊而作出美好且必要的贡献。我们必须了解中国，为出访和感受这一千年文明古国做准备。智利教育部的新一届领导认为应该继续这一努力，这将赋予两国关系发展新的动力。

卡琳娜·皮娜（本文作者之一）决定学习更多有关中国的知识。在获得奖学金后，她在北京的对外经济贸易大学攻读国际商务硕士学位，在那里她对中国的文化和人民更加着迷，并确立了更大的抱负。

对外经济贸易大学位于北京三环外，拥有广阔的学习、运动场地和与140多个国家的学生共享的空间。她的主要目标是了解中国及其文化，并在课堂内外与中国人分享学习心得。被选入大学排球队是她最美好的经历，她由此得以有机会乘坐大学巴士在城市中巡游，认识其他的大学，正式代表对外经济贸易大学参加比赛。在比赛中，她认识到运动竞赛的关键、团队合作和谐的动力，学会了对教练和队长的尊重、对他人的照顾、对健康身体的培养，等等。最终，她们的代表队进入决赛，但遇到了强劲的对手北京大学代表队，惜得第二。

2010年11月，卡琳娜·皮娜与大学排球锦标赛的获胜者北京大学代表队合影。

　　随后，罗德里戈·法布雷加（本文另一位作者）受中国人民对外友好协会邀请，参加了中国商务部开设的跨学科研修班。来自拉丁美洲的学员们齐聚北京，参加了关于中国文化、经济和社会发展政策的强化课程。学员们在那里建立的友谊得以一直持续，他们每年聚集在不同的城市为兄弟城市喝彩。

　　我们思考的问题是：怎样使智利更接近中国？怎样继续为中文教育作出贡献？于是，我们创建了一个以有学习中国文化经历的公职人员为主体的非政府组织，以促进两国人民之间的相互了解。跨太平洋文化交流协会是一个旨在将文化和教育带给更多智利人并促进各界学术交流的基金会。在"跨文化管理"课程中，卡琳娜讲到，我们对中国的了解不应仅仅局限于经济方面，而应该全方位建设友谊和相互了解的纽带。为此，每个人都应该学会基础汉语，从而开启学习中文的第一步。

　　在圣地亚哥，我们采用适当的技术，开发了一系列有关语言、中国文化、商业文化和文学的在线课程。

　　建立非政府组织，搭建知识桥梁，为我们的大学生活增色不少。在北京期间，我们前往智利驻华大使馆并提出了教育和学术建议。我们支持智利的大学代表团访问中国以了解中国的大学和教育体系。随着时间的推移，我们获得了有关大学的信任和支持，并签署了一项合作协议，为中国的西班牙语学生提供在智利学习一个学期的机会。

2011 年 10 月，智利大学代表团访问对外经贸大学。

扩大金字塔的基座

我们有幸能够继续向中国学习。圣托马斯说，工作可以改变人。正如圣托马斯在 700 年前所认识到的，无论身在何处，我们将了解中国作为工作的一部分，并将了解中国看作未来共同发展的一部分。在非政府组织已经开始运作的情况下，我们从头开始，在智利继续学习汉语。

"绳子越长，风筝就会飞得越高。"有人认为真正学会汉语是很难的，只有少数学生能在语言学院的学习中达到最高水平。因此，我们决定通过在线课程教授汉语，并采纳了四方面的意见：对参与者免费；设数千个名额；只要年龄超过 14 岁，都可以注册；学习内容包括语言、文化和商业文化。也就是说，当大多数机构都在关注重要的商业方面时，我们将致力于文化方面。计划有了，唯一缺少的就是课程的开设落地。我们组建了一个由在中国学习过的帕特里西奥·平托和玛利亚纳·奥索里奥领导的工作团队，他俩都完全相信该项目拥有光明的前景。我们还得到了对外经济贸易大学的支持。我们已经有了第一个版本，并开始向大家展示。

这样，来自全国各地的人们可以按照自己的步调学习课程、了解课程的内容。我们正在扩大金字塔的基座，使得在智利学习汉语的人数从开始的几百人发展到了现在的几千人。每天都有很多的注册申请，而我们用于互联网服务器的预算却很少，以至于我们无法满足需要免掉费用才能接受中文教育的人的需求。我们意识到大多数对学习中文感兴趣的人都是年轻人，因此我们考虑将这个项目提交给社会发展部的国家青年研究所。有一天，我们接到了国家青年研究所所长尼古拉斯·普鲁斯先生的电话。就这样，在几周内我们就看到了合作的成果。

前总统爱德华多·弗雷、社会发展部部长玛丽亚·费尔南达·维勒加斯、青年研究所所长尼古拉斯·普鲁斯以及中国驻智利大使馆文化专员贺勇先生，共同商定由青年研究所提供奖学金，共 5000 个名额。我们对这一突飞猛进感到非常紧张，不确定我们是否能够应付如此高的需求。在注册的第一天，一位信息领域的朋友因为担心有意外发生而彻夜难眠。注册于 2015 年 1 月 5 日晚上 12 点开始，有 5000 份奖学金，直接在政府网站上进行。第二天早上，普鲁斯主任打来了电话，说请暂停申请："我们遇到一个问题，凌晨 2 点的时候就满额了，这说明我们的计划是成功的。"在此后的 5 年时间里，我们一共开设了十万多节课。

2014 年 12 月 26 日，智利国家青年研究所启动"认识并了解中国"计划（居中为智利前总统及亚太区全权大使爱德华多·弗雷）。

年轻人被中国所吸引，他们知道学习中文很重要，但却不知道在哪里学。许多人对中国的文化有所了解，但还想学到更多，其他人则将学中文视为个人发展的机会，因为掌握一门外语可以扩大工作机会。

这个计划意味着一个更宏伟计划的开始。我们收到了来自智利各地，包括最小的和最远的城镇的众多的感谢信息。收到的电子邮件分为两类：表达感谢的和要求配置更多名额的。该计划的参与者之一帕梅拉·阿莱格里亚在邮件里说："我非常荣幸地成为能够学习中文和深入认识中国文化的幸运者之一。中国文化是世界上最古老的文明之一，智利年轻人也深深陶醉于此。我能够被允许了解中国文化，学习中文。非常感谢。"奥斯卡·毕丹说："我想学习新的东西，以便与中国人民互动，用他们的语言与他们交谈。一段时间以来，我一直与中国的供应商开展进口和贸易等业务。因此，当我得知有奖学金后便毫不犹豫地递交了申请。"康斯坦斯·奥亚内德尔说："我的主要目的是想在中国学习以填补我职业生涯的空缺。此外，中国的文化如此迷人，我的梦想之一就是逛遍中国所有的景点。"

计划开展得如此成功，因此我们决定开设新课程。为了提高语言水平，我们开设了汉语普通话基础语法课程——"汉语的使用"；应年轻人的要求，还开设了"出口和进口"相关内容的课程。

在线模式已经达到了一个高峰，让我们看到了请中国教师给不同层次的新生开设面对面课程的可能性。由于该计划是在全国范围内开展的，因此各地参与者要求在其所在地区面对面听课，这就是"跨太平洋"团队决定从北到南动员起来培训年轻人和举办文化展览的原因。

智利发行量最大的报纸在其首页上报道了这一现象。随后一周，智利总统米歇尔·巴切莱特和中国驻智利大使李宝荣宣布将扩大这一计划。所有的努力都值得表扬，因此，我们每年都会在智利各地区举办颁发证书的仪式，礼堂里充满了毕业生的兴奋和喜悦。

圣地亚哥集中了众多的参与者，但当地很难找到一处能容纳这么多人参加毕业典礼的设施。第一年，我们在圣地亚哥大学麦格纳礼堂举行毕业典礼。智利驻华大使豪尔赫·海涅先生应邀参与并发表讲话。他指出，会说汉语就等于拥有另一门专业，这将为他们打开重要的知识、社交和文化之门。随着活动影响力的不断扩大，我们不得不找一个更大的礼堂。第二年，西班牙电信基金会同意合作，将其在圣地亚哥中心的现代礼堂借给我们使用。

耶尔科·阿尔法罗代表所有参与者讲话，他是一名视障学生，一直非常热衷于阅读和学习新文化，这是他参加该计划的动力。他向我们介绍了他的兴趣，所以我们决定由一名中文辅导员来帮助他，并教授他中文。"今天，这门课程有许多像我这样的年轻人以及居住在各地区的年轻人参与，我们希望能够借此机会完善自我。语言学习需要付出很多努力，但这也是非常有趣的，因为可以进行语言交叉学习，学习社会包容性和有关技术的很多知识。因此，我非常感谢跨太平洋基金会和国家青年研究所能够允许我参与此项课程，我希望继续实现自己的梦想，今后去中国教西班牙语。"

紧接着是舞狮表演，每条走廊走来一头狮子，登上舞台，在鼓点有节奏的敲打下进行了杂技表演。我们亲切地与每位参与者道别，同时也接待了那些没有获得证书或是连名字都还写不正确的人。然后，开始进行第二批证书发放。

年复一年，该计划持续成长。辅导员可以看到学生的进步，我们的电子邮件中也收到了数百个提问。2018 年，毕业典礼在智利银行的核

2018 年"认识并了解中国"计划的颁发证书仪式在智利银行核心大楼礼堂举行。

心大楼礼堂举行。一切正常进行，到了晚上 6 点，开始舞狮。这时，该银行的安保负责人打电话说，这条街上有太多人想要进来，可出于安全考虑，不能让其他人进入。原来，尽管只有大约 250 名年轻人确认出席，但实际到达的人数却是两倍之多，而且还必须加上每个人至少带有两名亲属。虽然存在不便，但我们仍设法安排妥当，确保一切流程合理有序地运行。

通常，挑战越大，收获越大。"认识并了解中国"计划开创了先例。我们努力提供必要的工具，以帮助智利各地的五万多名年轻人迈出了解中国的第一步。互联网让对中国感兴趣的智利大众随时随地能获得相关信息。几年后，在访问武汉时，我们遇到了 11 名智利学生，他们正在为入学做准备，其中 8 名学生正是通过这些课程迈出了了解中国的第一步。

扩大金字塔基座的想法初见成效，但仍有改进的余地。许多人给我们写信，说他们对学习汉语和了解中国非常感兴趣，但没有充足时间致力于此。他们问我们有没有简便易得的教育资源。为此，我们撰写了一本教材，使学习进程放缓、所需时间减少，同时实用性增强——《88 句汉语》。该教材帮助我们认识汉字，知道如何书写并能正确发音。在编写过程中，我们的团队在中国教师的帮助下选择了常用的短语，对其内容进行了分析和阐述，然后将其提供给善于运用各种醒目色彩的设计师团队，还与普通话专家取得联系，请他们介绍这些短语的发音和用法。

那么，作品的名字叫什么呢？我们看到，选定的短语共有 86 句。我们还记得"8"是中国文化中最幸运的数字，因为 8 的发音类似于发（fā），表示"繁荣""财富"。既然现在已经有 86 个句子了，如果能再加上两个就会有 88 句了，也就是更多的好运气。《88 句汉语》由此诞生。

孔子学院拉丁美洲区域中心于 2015 年推出《88 句汉语》
（左三为中国驻智利使馆文化处参赞贺勇，左五为孔子
学院拉丁美洲区域中心副主任孙新堂）。

2015 年 10 月 8 日，我们在孔子学院拉丁美洲区域中心发起了推广
《88 句汉语》的倡议。与我们建立了友谊和相互合作纽带的相关机构
加入了该倡议。中国使馆文化处参赞贺勇先生和我们的老朋友——孔子
学院拉丁美洲区域中心副主任孙新堂博士对这一倡议给予了大力支持。

出席活动的媒体包括合作电台，这是智利第一个重要的国家广播电
台。我们将推广《88 句汉语》活动设计成一个能获得奖励的竞赛，其
宣传口号是：智利和中国之间的距离就是你的努力，比赛的前三名将应
邀前往中国访问。电台对这个项目很感兴趣，加入其中并开发了一个带
有 88 个短语的网页，每个人都可以加以练习，然后报名参加比赛。人
们可以从广播中听到广告语："你好！你好吗？我很好。如果你不明白
我们所说的……没关系，有了《88 句汉语》，你将能够掌握汉语的基

础内容。练习世界上最常用的语言并且来参加竞赛，你就可以免费去中国旅游。不要再等了！"

这个消息传播开来，我们收到了很多咨询信息。一天，我们收到一条智利国家电视台（TVN）想要播放这88句汉语的信息，我们简直不敢相信！一想到生活在智利最北端的人，吃午饭时就可以在家里听到："你好吗？"这是一件多么奇妙的事情，于是我们很高兴地就接受了。这些短语得以在公共电视上播出，对我们推广学习汉语是大有益处的。

"88句汉语邀请你来中国的第一次旅行"活动引起热烈反响，全国范围内的学习人数超过30万人，在15000多名报名的竞赛者中，有15人获奖。

截至目前，要了解中国，金字塔的最顶端就是要到中国去学习；通过关注智利孔子学院和中国文化中心提供的课程，可以达到第二级；紧接着是在线课程，可以达到第三级；最后是学习句子，构成金字塔的底部。

在杭州市的西湖沿岸，人们拿着一把扫帚作为毛笔、一桶水作为墨汁，向孩子们展示不同的汉字写法。只要地上持续有水，孩子们就模仿大人的动作。这是一种有趣的娱乐游戏。我们决定教授汉字，不是用扫帚，取而代之的是卡和手机。一款应用程序——"爷爷"，能够讲授汉字，展示其发音并显示三维图像。这可以说是现实中的一本汉语词典。一种有趣的教育性资源能让你发现日常汉语会话中所用的基本汉字。

自"爷爷"问世以来，我们又面临着新的挑战，即创建一种既可以进行单独学习又能进行集体学习的学习材料。不久，由玛利亚·埃维拉·里奥斯博士和在中国学习过的智利人团队主导的"走吧！"面世，它的名字由汉语动词"走"和感叹词"吧"构成。

该游戏邀请用户一起来参加学习汉语的有趣冒险。因此，"行走"

的含义是该游戏目标的关键。"走吧!"具有纸牌游戏的特点,在单个游戏中将四个级别的词识别结合在一起。当你进入第一个级别后,可以前进到其他等级,最终能够认识总共 108 个汉字。在这里,观察、连接和演绎可以加强对汉字的识别以及对其含义的联想。

今天,智利人以不同的方式了解中国。有些从入门汉语课程开始,有些则以学习汉字为开头。旅行者、学生和老年人用《88 句汉语》来娱乐自己;躁动不安的学生通过手机与"爷爷"一起学习汉字;当儿童们玩"走吧!"时,微笑随即浮现,这样才能真正地认识汉字。我们有责任继续建设一个更美好的世界,为此,我们必须以另一种方式,以友善、慷慨和乐观的方式彼此了解。每一天,都要越过太平洋。

口述历史
——智利和中国的学术往来

安德烈斯·伯克兹（智利大学国际问题研究所中国研究项目学者、协调人，复旦大学国际政治学博士）

接触中国的第一步

我接触中国是因为要准备博士研究项目。一开始，我计划在德国攻读博士学位，因此开始在雷根斯堡市学习德语。在学习语言的同时，我还加深了对国际关系理论的阅读，这是我想集中精力研究的领域。在此期间，我开始阅读与主流观点相去甚远的理论（主要是东亚学者的理论）。这也让我开始重新考虑在欧洲攻读博士学位的想法，转而考虑在亚洲开展这些研究的可能性。日本、韩国和中国是最具体的选择。因此，我与当时我的女友、现在是我妻子的乔安娜聊了聊，提议我们一起进行这一旅程，去一个两个人都未知的文化国度。我们认为中国是开始亚洲体验最吸引我们的地方。从我个人来说，我看到智利和中国学术界之间隔着一道鸿沟，而这与相当丰富的经济和商业关系形成了鲜明对比。于是，我们选择将香港、北京和上海作为潜在的目的地。这些城市在中国的千年传统与现代发展之间取得了良好的平衡，在现代发展中，众多人口都讲英语。我首先要考虑的是找到一种英语应用程序，这是一种我熟悉的语言，它可以让我在学术生活和日常生活中更轻松地应对。考虑到自己已经在德国度过了三个学期，因此在攻读博士学位之前学习中文几乎是不可行的。最终，我们选择了能满足我们所有期望的上海。在这里，我的一个欧洲时期的好朋友决定开一家餐厅。这使我们得以保持重要的交际圈，也是我们时至今日能够继续分享的友情。

让我感兴趣的主题、不断涌现的文献以及中国的国际影响力，都使我对中国学者正在发展的理论概念更加感兴趣。记得那几年，我开始阅读外交学院秦亚青教授、清华大学阎学通教授和复旦大学张维为教授的著作。

第一次见面之前如何想象中国

我最初对中国的印象局限于遥远的距离。一直以来，智利的学校通常讲授第二次世界大战后帝国时代的遗产及其政治和经济发展。因此，我们大多数人对中国的了解很少。在智利的某些大学中，通常根据学校的教学计划决定是否学习有关中国内容，尤其是在地理、经济学方面。在某些情况下，可能会介绍中国的文化创造或历史人物，但是，很少提及政治文化和国家治理。这些因素也是激励我在复旦大学开始我最大的智力挑战的原因之一。

融入上海

我对上海的最初印象是刚抵达这座城市时留给我的，这些印象集中在其基础架构与现代维度和传统历史相结合方面。我逐渐发现这座伟大的城市与其他城市之间存在着奇妙的联系，这真是令人兴奋。同时，烹饪的多样性以及它所代表的不同地区和民族文化也给我留下了深刻的印象。在到来之前，我对亚洲，尤其是中国菜了解甚少，因此在最初的几个月中，我们不断地探索。在上海，你无须离开市区就可以进行探索，因为你能找到可以品尝来自中国北方、西部和南方等不同省份美食的地方，这样就能了解每个地方的饮食。我们也了解了餐桌礼仪的重要性，尤其是在圆桌上可以共享食物。

让我有来到中国的实感的是看到上海城市公园的日常生活，给我留下了深刻印象的是公园是几代人共享的空间。总是有老年人在练习太极拳或跳舞，并且有很多孩子在玩耍或打乒乓球。无疑，这些让我开始衡量中国社会的集体主义，并理解为何共产主义能够适应一个具有千年传统的社会的原因。

复旦大学博士研究生

我被复旦大学国际政策专业录取。复旦大学是中国最传统、最负盛名的大学之一。当我走进校园里，看到它像一个小城市般运转时，就给我留下了愉快的印象。我看到了实用的休闲区、餐厅、房间、大型图书馆和阅读区，这已远超智利的现实。智利的学院和专业是分开的，分别位于不同的地区或社区，而用于保障大学生活的基础设施却没有得到很大发展。

同样重要的一点是本地学生与外国学生之间的互动。尽管我的课程是用英语授课的，但我的许多同学都是中国人，他们正在寻求学习第二语言或第三语言。他们希望与一同听课的外国学生接触。因为班级同学来自国内不同地区，我得以了解中国不同省份的不同现实，这真是一个巨大的收获。受获取知识的激励，观点的讨论和交流相当活跃。学生之间的交流和反馈促进了批判性思维的发展和知识的协同作用。

作为博士课程的一部分，学校允许我们选择有关中国和东亚的一系

由安徽大学拉丁美洲研究所承办的中拉关系暨
安徽—拉美经贸合作高端论坛研讨会合影。

列学科。因此，我决定加深与中国当地政治和国际关系相关课程的知识。
另外，我选择深入了解中国知识分子正在发展的理论结构。我涉猎了哲
学和政治历史的一些分支——这些分支非常有价值，因为我能够从中学
习中国的世界观等东西。在这些分支中，可以认识和理解不同的思想流
派。使我深深为之着迷的是墨家学派。显然，我还能够学到更多关于儒
家和道家的知识，这是我们所知道的中国文明的重要支柱。

此外，我在中国经济与改革课程中了解到一些省份的发展模式，如
重庆模式或广东模式，这是我至今仍在持续研究的有趣案例。我还学习
了中国外交政策原则，例如，和平共处原则、国际一体化机制等。更令
人意外的是，在这个亚洲国家的外交政策实践中，能够分离出中华文明
的烙印。因为，只有极少数国家才能够将多年历史中积累的知识展示出
来并将其应用于制定国际政策和应对当前挑战。

在探索亚洲文学的过程中，我能够理解关于思想流派和国际关系的
其他观点。这些观点如今为我提供了更为宽广的学术视野。同时，也促

2019 年 9 月 24 日，"拉美国家的内生动力及中国'一带一路'倡议"研讨会在亚太智库举行。

使我学习中文，以便可以逐步地在大学校园之外进行交流。

在这个过程中，我结识了很多中国和其他国家的好朋友，许多我一直关注并引用其文章的老师。在复旦大学宝贵的学习时间里，我了解了中国文化、中国教育体系和中国的特质。

回国并向智利学校做推介

回到智利后，为成为智利大学国际问题研究所的一名学者，我申请了一场公开演讲。智利大学国际问题研究所是拉丁美洲国际关系研究领域最古老且最负盛名的机构之一。作为研究型机构，该研究所对公共政

2019 年 11 月，代表智利国际问题研究所参加在智利圣地亚哥举办的中拉思想中心对话研讨会。

策的制定和各个领域的技术指导的实施都产生了很大的影响。它向我打开了大门，使我得以实现我向国家所作的承诺。应当指出的是，智利国家研究所提供了我在中国进行博士学业的奖学金，而我的承诺是完成学业后为国家发展作贡献。

要特别说明的是，我在协调一个致力于中国国际关系研究系统化的项目。由于该研究所的领导作用，我们能够将自己定位为拉丁美洲少数几个研究中国的中心之一。我们开展了各种活动，如组建调查中心、充实学术计划、发展与中国大学以及对中拉关系感兴趣的其他拉丁美洲大学的联系与合作。

加入智利大学国际问题研究所的目标以及我的工作概况，使我有机会继续巩固我在中国学到的知识，利用我的工作时间来讲授我在中国学到的有关国际关系的主要理论，并传授关于中国当代政治制度特色的知识。与此同时，我开展了一些研究项目，主要涉及对中国、智利和拉丁美洲三者关系的分析。

在实践中，我关注了秦亚青教授的关系理论和阎学通教授的道德现实主义理论中的特殊性。我将继续深入研究复旦大学国际关系学院的作品，比如宋国友、唐世平和陈志敏等教授的著作。运用这些知识，我尝试与拉丁美洲的著作建立对话，将其与基于智利文化逻辑的区域主义理论和思想联系起来。我相信这是为学院发展作出贡献的重要途径。

2020 年，智利 - 中国建交 50 周年

2020 年是智利和中国建交 50 周年，半个世纪前智中建立外交关系是两国的重要里程碑。20 世纪 70 年代初，智利是第一个与中国建立外交关系的南美国家。就政治支持而言，智利于 1999 年成为拉丁美洲第一个支持中国加入世界贸易组织的国家，也是 2004 年该地区第一个承认中国市场经济主体地位的国家。从商业角度看，智利是拉丁美洲第一个与中国签署自由贸易协定的国家。这些里程碑已成为智中关系的基本组成部分，无疑代表着成熟和日益巩固的外交关系。智中关系逐渐巩固，不仅是贸易关系，在文化领域和学术界的关系也同样日益亲密，这进而转化为建立联合项目以便开发与不同学科相关的研究、出版物等。由于有了这些活动，两国之间的相互理解和寻求互利的努力得以不断加深。

为战胜两国关系发展中面临的挑战，我们必须注重知识的发展性。作为实现可持续发展的工具，知识对于世界各国都具有重要意义，是应对即将到来的全球性挑战的主要行动资源。

面对这一问题，智中两国进行了坦诚而直接的对话，从而产生了更多的学术桥梁，制定了解决共同问题的联合研究项目。学术界的主要行动之一是促进两种语言文字的翻译和阅读，研究两种学术文化的作品，进而加强相互之间的了解。

　　以上正是我们在中国研究项目中正在做的事情。经过一年的创建，我们已经具备了颁发有关中国政治和经济的毕业证书的资质。这项文凭使学生们能够离开公共空间，更深入地学习这个亚洲国家所实施的进程。同时，我们进行实证研究，以使我们能够系统地认识中国在拉丁美洲的外交政策。

　　作为发展中国家的智利和中国，正在努力解决各种问题以改善两国人民的生活质量。两国的发展宗旨是继续深化合作，实施对两国人民都有影响和价值的项目，如新技术的交流和推广、太阳能利用、深化天文学合作和促进农业发展等。总之，解决问题是为了改善人们的生活质量，两国应继续加强合作、交流经验，共同寻求解决问题的方案。

跨越太平洋的友谊

李硕（中国人民解放军陆军第 75 集团军某合成旅侦察一连指导员）

2017 年 12 月 31 日，在智利首都圣地亚哥机场，我搭乘本年度最后一班飞回中国的航班，离开生活了两年的智利——我的第二故乡，带回的不仅有这个国家给予我的荣誉，还有无尽的留恋与思念。

转眼间，我从智利陆军山地作战学校毕业已经三周年了。每到雨季就隐隐作痛的腿脚，似乎在提醒我：智利的朋友们又在想我了。

2016 年 2 月初，中国农历新年刚过，我作为中国陆军的唯一代表，登上了从北京经停法国巴黎前往智利首都圣地亚哥的航班，开启了远赴这一南美军事强国学习交流的征程。将近两年的时间里，我先后在智利陆军语言学校（Escuela De Idiomas Militar）、山地作战学校（Escuela De Montaña）和陆军军官学校（Escuela Militar）三所军事院校学习西班牙语、山地作战和军事核心领导力课程。其间，我不仅学习体验了智利军队先进的军事战术和管理理念，同时也与当地军民结下了深厚的感情与友谊。

轻松惬意的语言培训时光

来智利之前，我曾在国内参加过为期三个月的西班牙语培训，但对我来说这依然是一门全新的语言，想要熟练掌握，甚至是达到能与当地

2016 年 9 月，李硕在语言学校学习期间与该校工作人员合影。

人直接交流的水平还远远不够。所以，为了让我们这些外军学员能够更好地学习专业课程，智利陆军安排第一年进行语言培训，为第二年的专业学习打下良好的基础。正是这一年扎实的语言学习，让我们更好地了解和体验了智利人民热情好客的天性和这个国家温柔浪漫的文学、地大物博的自然景观。

语言学校为我和另一位一同到来的中国空军的战友专门开设了一个语言强化班。我们有三位授课老师，一位是负责语法教学的华侨庄老师，一位是负责阅读和词汇的弗朗西斯卡（Francisca Germain de Ferrari）老师，一位是口语教学的露西亚（Lucia Abarca）老师。三位老师都在学习和生活上给予了我们很多的帮助。庄老师一家在他 12 岁的时候就离开中国到南美生活，在拉美地区几经辗转之后，因智利稳定的政情、发达的经济，最终在智利首都圣地亚哥定居。庄老师个子不高却总是腰杆挺得笔直，眼睛不大却总是闪烁着光芒。作为一个老华侨、"老圣地亚哥"，庄老师在我们刚来时带领着我们跑遍了圣地亚哥的大街小巷，将所有需要办理的各种手续、证件和生活所需安排得妥妥当当，大到身份证、银行卡开户，小到水电煤气费如何缴纳、交通卡如何办理，都给予了很大的帮助。作为一个博物馆迷，庄老师授课的课堂经常会搬到大大小小的博物馆、主题丰富的文化展览现场等，在学习语言的同时，让我很好地了解了智利的历史、文化和民俗风情。

弗朗西斯卡是一位大约50多岁的女老师，身材高挑，举止端庄优雅。为照顾我们的语言水平，她讲话时发音总是特别标准，语速快慢得当（智利人独特的发音和语速一度让我很头疼）。为了活跃课堂气氛，她总是会在不经意间变戏法似的变出一颗糖果来奖励获胜者，或用一个大大的拥抱表示支持和鼓励。一人分饰多角是她的拿手好戏，她总是能够将枯燥无味的阅读理解课活生生地演变成戏剧课，极大地提升了课堂效率和氛围。

在第一年的语言学习中，我们还利用日常课余时间积极融入当地居民社区，如加入陆军的一支球队，利用每周四的夜间去陆军军官学校篮球馆参加篮球训练，队友们为我的每一次进球奋力欢呼。为了更好地领略当地的自然风光，我们一起约着 Torre C 社区的邻居利用节假日去旅行，从北部的圣佩德罗 – 德阿塔卡马（San Pedro De Atacama）到海滨的比尼亚·德尔马（Viña del Mar），再到南部的奇洛埃岛（Isla de Chiloé），大家无不惊叹大自然的鬼斧神工和上帝对于智利人民的厚爱——上帝把所有能够给予的一切全都献给了智利：海洋、高山、冰川、火山、湖泊和极地。借宿青年旅社是一个真正的旅行者应该选择的食宿方式，这里既经济实惠，又能结交不同年龄和地区的朋友，特别是像在智利这样一个热情好客、人人都是"见面熟"的国家。时至今日，我仍然非常清晰地记着他们中多数人的微笑和帮助。

犹如炼狱的山地作战学校

智利作为一个背靠安第斯山、面向太平洋的狭长国家，独立 200 多年来的历史沉淀和居安思危的危机意识，让其始终保持着强大的陆军和海军实力。这其中，山地作战部队绝对称得上陆军的王牌部队。山地作战学校坐落在洛斯安第斯（Los Andes）市以东的智阿边境，悠久的山地作战训练历史、先进的山地作战理念、得天独厚的山地作战自然环境、丰富的山地作战组训经验，使其在国际上负有盛名，每年都会有不同国家的学员慕名而来。然而，与此同时，这所学校超高的训练强度、残酷的训练手段、近 80% 的淘汰率，也让众多军队精英铩羽而归，望而却步。

在我之前，中国军队还未曾派出过相关人员赴山地学校学习，所以，在中国国内，能够查到的智利陆军山地作战课程的资料很少。由于两国军队院校的体制编制和培训方式的不同，我在到达山地作战学校之前还认为其山地课程主要是以军事理论为主，并没有什么难度，心中丝毫未将其跟委内瑞拉的"猎人学校"扯上关系（"猎人学校"在中国名气很大）。到达山地学校的第二天，在跟随山地学校本校报考参加选拔人员的一次适应性徒步行军训练后，残酷的现实便狠狠地给我"上了一课"：武器装备负重超过 35 公斤，按照 6—7 公里的时速连续急行军 3 个小时之后，我在语言学校一年间疏于训练的双脚变得惨不忍睹，整个脚掌的皮都随着脱下的袜子被撕下。从那时起，我对山地作战学校的高强度、贴近实战的训练充满敬意。

同拉美多数国家军队的初级作战指挥类课程相似，智利陆军山地作战学校始终认为，山地作战队员的精神意志、单兵技能、指挥技能、生存技能同等重要。山地作战作为世界上最残酷的作战形式之一，其作战的特殊性决定了人才需求的特殊性。许多国家都是由特种部队或专门的山地步兵部队来接受这一训练，因为只有他们才需要在这类地形下执行作战任务。虽然有些多山国家的常规步兵部队也会接受类似训练，但其训练强度要远远逊于山地步兵部队。

山地学校的教官对待学员无论是从纪律上还是从专业技能上要求都非常严格。他们对于山地作战队员这一职业始终保持着高度的自豪感和敬畏之心，所以在培养新的作战队员时始终坚持精益求精的责任心。本着对胜利负责、对作战队员生命负责的态度，山地学校要确保从该校走出去的每一名队员都能够适应残酷的高寒山地作战，具有在最极端作战条件下生存下来并取得胜利的能力。

山地学校认为，战争的残酷性必须要在日常的训练中得到体现，以此来训练学员的战场适应能力。伴随战争的寒冷、饥饿、疲劳、困倦甚至是虐俘，都始终贯穿整个山地作战课程。我在山地学校学习期间，平均每天学习训练时间超过 17 小时，除了白天的体能、技能及战术训练外，晚上通常安排有理论学习、武器保养、夜间战术行动等内容，有时连续无睡眠时间甚至超过 48 小时。教官们为了防止我们睡觉，想出了各种各样的招数。他们会让在课堂上睡着的学员跳进冰冷的游泳池中，全身湿透再回来继续上课；或者每发生一人次睡觉现象，全体学员都要脱掉一件保暖衣物作为惩罚……通过这些手段来驱赶困意并警告那些昏昏欲睡者。因此，在山地学校，经常会上演学员们赤裸身体在寒风中边瑟瑟发抖边学习训练的场景。

拉美地区的作战课程培训风格一开始令我很不适应，我认为这是对受训队员人格的侮辱和生命健康的不负责任：教官每天凶神恶煞的面部表情和粗俗的语言让队员充满恐惧，无意中的一个小失误便会带来后果惨重的惩罚甚至是集体受罚，更甚的是，其中一位教官让我看到他便会不自觉地倒吸凉气。我之所以能够在最初 324 名参加选拔的队员中脱颖而出，最终成为从山地学校毕业的 52 名队员之一，其中原因有作为中

2017 年 8 月，李硕在山地作战学校期间登顶 ALTA POSAZA 峰后与中华人民共和国国旗合影。

国和中国人民解放军唯一代表的极大荣誉感和责任感，一定程度上也有我在跟那些老是骂我们的教官们赌气的因素。直到从山地学校毕业以后，我才慢慢地领会了山地学校的组训理念和良苦用心。特别是从山地学校毕业后因为办理一个手续需要重新回到学校，再次遇到当时的教官们时，他们竟是如此的亲切，那个让我倒吸凉气的教官跟我一起聊天时甚至有一丝丝的腼腆。他们告诉我，因为我是中国第一个来山地学校学习的军人，我让他们十分敬佩。同时，他们之所以对我和我的队友们特别严格，就是希望能够进一步激起我的战斗精神，更希望我能够将山地作战学校的精神带到中国军队中去。

2017 年 8 月，李硕参加山地作战学校毕业阅兵典礼。

三年来，我多次在梦中回到山地作战学校，同队友们一起在安第斯山上的雪地上滑行、树林中穿梭、冰河中泅渡——直到光荣地被授予象征山地作战队员的荣誉勋章。那个最让我胆寒的学校，竟然成了我最魂牵梦绕的地方。

充满友谊的陆军军官学校

2017 年 9 月中旬，我转校至智利陆军军官的摇篮——陆军军官学校，学习核心领导力课程。

这个课程同时向军人和平民开放，8 月下旬开课，为期三个月。所以，我到达学校的时候已经开课，我算是一个"插班生"。班里的成员成分各异，有尚未毕业的陆军在校学员、陆军作战部队的现役军官士官，也有民兵和社会上从事各行各业的从业者，甚至还有学习意识较强的家庭主妇和待业青年，年龄结构上至 60 来岁，下至 19 岁。作为班里唯一一名国际学员，我的加入着实引起了波澜，一开始他们以为我不会讲西班牙语，所以第一天总有人操着浓重智利口音的英语同我的"中式英语"交流，当我变戏法似的突然用西班牙语跟他们说话时，着实把大家吓了一跳。其实，整个核心领导力培训课程的氛围跟前面讲过的语言学校一样——活泼、团结、民主、包容和开放，同学们在一起既建立了深厚的友谊，也学到了如何组建一支战斗力十足的团队并带领其成员取得胜利。

在进行军事核心领导力理论灌输的同时，课程的整体设计高度重视理论联系实践。我们先后多次组织户外实践活动：海边的橡皮艇训练、"重走智利解放之路"的游学活动、团队协作场地训练等。在整个学习过程中，学员库雷斯（Corres）和课程负责人米纳尔迪（Rene Araneda Minardi）上校给我留下了深刻的印象。

　　学员库雷斯不满 20 岁，高中毕业考上了一所大学的法律专业，但作为一名对于从军报国充满无限热情的青年军迷，他选择了放弃大学学业，准备来年报考陆军军官学校。于是，他首先参加了面向社会招生的军队核心领导力课程，以便进一步熟悉和了解军队，同时增强自身的能力素质。他非常热情，对中国文化充满好奇，同时又一直热衷于向我展示智利的传统文化、民俗活动和传统食物。我们相约一起去参加另外一名民兵同学的军衔晋升仪式，一起去爬山，还跟着他的家人一起去郊区看智利传统的围牛活动。最让人感动的是圣诞节那天，他和他母亲乘坐一个多小时地铁专程赶到我的住处，送过来一罐阿姨自己做的酒（Cola de Mono）。为了避免天气太热影响酒的质量和口感，他们还用塑料袋在罐子周围包裹了一层冰块，而冰块的融水已经打湿了他的背包。阿姨关切地嘘寒问暖，还问我一个人在国外过圣诞节想不想家，让我在万家团圆的节日里感受到了家的温暖。

2017 年 11 月，李硕在陆军军官学校学习期间与学员库雷斯及其家人一起前往圣地亚哥郊区观看智利民宿围牛比赛。

2017 年 12 月，李硕在陆军军官学校学习实践活动中与米纳尔迪上校合影。

2017 年 12 月，智利当地友人来到圣地亚哥机场送别李硕。

　　米纳尔迪上校是一位陆军退役上校，在军官学校担任文职工作，整个军事核心领导力课程由他负责。上校 50 多岁，言行举止流露着军人雷厉风行和精干果断的指挥素养，我觉得由他担任课程的负责人再合适不过。虽然我和同学在日常的交流上没有太大问题，但对于课程中的某些专业词汇和引用的事例典故经常会满脸的问号。上校总是在合适的时机为我进行耐心的解释和指导。每次外出学习前，他总是一遍遍地向我强调必须携带的随身物品。他对于我这个班里唯一的国际学员极为重视，当我顺利拿到结业证书时，上校的拥抱显得格外亲切。2017 年 12 月 31 日，离开智利的当天，在我已经进入机场安检通道时，突然听到上校在人群中喊我的名字。对于上校的送别我感到分外惊喜，上校也为自己因堵车差点没赶上送行而表示抱歉。简单寒暄几句后我们就此告别，我竟无意间看到上校眼中闪烁着晶莹的泪光。

　　尽管我离开智利已经多年了，但我仍然无比怀念远在天涯海角的那些人和那些事。非常期待能够再有机会回到那个魂牵梦绕的美丽国度。愿中智友谊如同太平洋一样永远深厚纯净！

你好，卡桑德拉
——以视听方式拉近汉语文化与西班牙语文化的距离

卡桑德拉·阿米茹（YouTube 平台博主）

我来自智利圣地亚哥，在中国生活和工作了大约 5 年。从很小的时候起，我就一直对亚洲文化抱有浓厚的兴趣，并梦想着有一天能够来到这片美丽的大陆。起初，我的兴趣是学习日语，妈妈看到我是因为对亚洲感兴趣而学外语，就建议我学习汉语普通话："如果你要学习一种稀有而远离西方的语言，最好还是学普通话，因为中国在全球的存在感和经济重要性越来越高。"不管怎样，我对中国也很感兴趣，所以当我在学校完成学业并进入大学时，我决定在学习平面设计方面的专业课程的同时也在天主教大学孔子学院学习普通话，只几节课的时间就爱上了这种语言。

我一生的决定

经过几年时间的学习，我的汉语能力在孔子学院达到高级水平，但我觉得这还远远不够。由于对掌握语言的更高要求无法得到满足，我作出了我一生中最重要的决定之一：申请中国政府奖学金去中国学习语言。拿到奖学金时，我感到非常兴奋和意外。2014 年，我第一次踏上了这个拥有千年文化的国家，开始在古老而传统的城市开封度过一年的普通话学习时间。开封是宋朝都城。那一年的生活可以说是我一生中最美好的一年，充满了精彩，直到今天仍让我难以忘怀。

我获得的奖学金只能让我在中国待一年，所以当我完成学业后，我不得不回到智利。在智利，我体会到了许多人所说的"逆向文化冲击"。我想念许多中国的事情，而对于自己国家的生活却感到陌生而遥远。最重要的是，我想念我在中国读书期间认识的郝阳，当时的男朋友、现在的丈夫。在大约一年半的时间里，我们处于异地恋爱状态，每天保持着12小时时差的联系。当他祝我早安时，我祝他晚安。最后，在圣地亚哥工作并筹集了足够的资金后，我收到了一个消息，说我已经被中国首都北京的一家数字营销公司聘为平面设计师。因此，在2017年年初，正值农历新年之际，我回到了中国。这次回来的目的不是学习而是工作，并能够与郝阳团聚。

YouTube 频道

在中国生活工作期间，我在我的博客 nihaocassandra.com 上写下了自己的经历并谈到了中国的文化和社会。通过这种方式，我可以与家人、朋友以及其他对中国感兴趣的读者分享我在这个我们许多人认为遥远而神秘的国家的日常生活。我的博客记录形式一点一点地发展，直到变成现在 YouTube 平台上的 Ni Hao Cassandra（你好，卡桑德拉）。在这里，我与我的中国丈夫一起致力于创建和分享我在中国的生活、中国文化、中国美食、普通话、风俗习惯、好奇心以及穿越这个美丽国家的旅行体验等相关的音视频内容。

目前，我在 YouTube 平台拥有超过 18 万名订阅者，做节目成了我每天生活的一部分。它起初只是一种简单的爱好，可是今天已成为一个个人项目，将来，我希望能够完全致力于创作这种视听内容并以此为生。

视频背后的工作

为 YouTube 平台创作视听内容需要花费大量的时间和精力。很多人试图成为"油管博主"，但是经过数周的辛苦工作所录制和编辑的视频并没有看到好的结果，他们也就失去了信心并就此放弃。一个无情的事实是，一个人要在这个平台上成长并看到结果，需要多年的时间投入和大量的金钱投入，而且绝对没有任何利润。就我的 YouTube 平台 Ni Hao Cassandra 而言，能否获得收益取决于每种类型的视频需要多大工作量以及制作它需要多长时间，没有单一的公式。

与中国文化或日常生活习俗有关的视频需要投入大量的精力和时间。第一，要对视频中涵盖的主题进行规划。第二，要对相应的文化领域进行适当的研究。第三，根据视频结构和要点撰写脚本。这一点非常重要，因为当你按下相机上的"录制"按钮时，如果没有一个脚本，你通常会忘记要说的话、被卡住或不知所云。第四，视频记录，室内、室外皆可。第五，也是最长的步骤之一——视频编辑，包括拼接视频、删减错误或不必要的镜头、使用有助于或丰富视频的音乐、效果和设计等。第六，在 YouTube 平台上发布，在我的社交网络以及与亚洲、中国相关的平台和团体间进行宣传和传播。

第二类需要较大工作量的视频是教学和学习汉语的视频。该平台的许多粉丝不仅对中国文化感兴趣，还对中文感兴趣。中文教学视频必须引人关注，中文学生可以学到与他们在课堂上学的完全不同的东西。例如，来中国之前必须了解的一些中文句子，世界上最有名的一些中国品牌的读法、有趣的绕口令、怎么取一个自己的中文名字，等等。此外，在丈夫郝阳的帮助下，我们还回答了有关语言的很多问题，不是试图取代他们的老师，而是为了提供支持和练习。

另一类视频是日常生活中的视频博客或短视频。这些是自发的，在录制之前不需要计划和研究。在这些类型的视频中，我展示了我在中国的生活、去过的地方、吃过的美食以及发生的有趣的事。

最后，是在中国的旅行视频。在这些视频中，我们记录了我们的旅行经历，认识新的地方，重点介绍必去的旅游景点以及当地的美食。由于中国如此广袤，有太多值得一去的景点，即使连续旅行一个月也无法一一展现。

所有这一切，我每天都在工作间隙进行，因为目前的 YouTube 账号仍是一个个人项目，而不是一个以此为生的项目。但是，我对此充满热情，并且计划在未来继续做下去。

商业机会

尽管在 YouTube 平台上的收入不高，但它是获得新商机的绝佳工具。通过 YouTube 平台，有许多媒体已经联系我，想要了解我的生活和在中国的经历。这意味着与中国有关的公司，如旅行社或语言教学机构，有兴趣与 YouTube 平台上的 Ni Hao Cassandra 合作来推广其服务。

此后，我有机会与三亚市旅游局和无锡市旅游局合作录制了一系列旅行视频，展示了当地的主要旅游景点。以三亚市旅游局为例，体验的重点不仅在于旅游行程，更重要的是突出三亚作为婚庆旅游目的地的魅力。当时，我与郝阳一起参加了一场高质量的婚礼拍摄活动，拍摄背景取材于童话故事或好莱坞电影。在录像中，我们展示了整个婚礼拍摄过程以及拍摄这些照片的幕后花絮。这种方式对我们的观众来说非常有吸引力。直到今天，这个录像仍然是他们在平台上最喜欢的视频之一。

但是，考虑到账号的独特主题和粉丝的特定兴趣，并不是任何类型的业务合作都是合适的，必须有取有舍。对于内容创作者来说，同与其账号主题不相符的品牌或服务进行商业合作往往是一件得不偿失的事，应该优先考虑其粉丝能否获得的愉快体验。例如，我经常收到与服装和化妆品牌合作并使用其产品制作视频的邀请。尽管这样的视频可以带来不错的收入，但会损害我的作品质量并降低粉丝的兴趣，所以我必须选择放弃。

应该注意的是，YouTube 平台所带来的商机并不局限于拍摄有关中国的视听内容。随着粉丝的增加，我的频道甚至被智利国家旅游局（SERNATUR）认可。鉴于我在中国数字营销公司的工作经验以及作为在中国居住的智利人的特殊身份，智利国家旅游局邀请我与他们合作，参与创建和管理其中国社交网络，重点面向微博和微信平台的用户，目的是向中国受众展示智利并拉近两者的距离。我很荣幸地参与到这个非常重要的项目中，为不断发展和加强的智中关系作出贡献。

跨文化关系

有一个来自另一个国家和另一种文化的伴侣并非易事，尤其是当这两个国家存在巨大差异时。随着时间的流逝，许多中国人在听到我和我丈夫的故事时都说"宿命"或"缘分"，这让我一点一点更加相信了命运。很难相信机缘巧合下相识的我们，会成为彼此人生中的生活伴侣。

　　我们的关系经过了几次考验。第一次是在我们分开后异地联系时。第二次是让双方家人都接受这种关系时。对于两个家庭而言，与一个外国人恋爱是难以接受的，这不仅因为双方之间存在着文化差异，还因为自己的孩子会被带到另一个国家——一个遥远的地方去生活。为了通过这一考验，除了表明我对加入他的家庭和文化的兴趣之外，我还必须向他的母亲证明我认定了她的儿子。就郝阳而言，我们必须彼此了解对方的语言，这样两个家庭比较容易接受我们的婚姻。通过说中文，我可以更好地靠近他的家人；通过说西班牙语，郝阳可以以一种更加亲近和愉快的方式与我的家人相处。没有语言相通，我想，让我们彼此的家人接受我们的关系会困难很多。

未来的计划

　　工欲善其事，必先利其器。目前，YouTube 平台上的 Ni Hao Cassandra 主要负责向西班牙语国家展示中国。但是，最近几个月，我又有了新的想法：为那些对学习西班牙语和西班牙语文化感兴趣的中国人创建内容。通过语言这一媒介，我希望自己能够成为两国之间的桥梁，并在文化和语言领域作出贡献。这些内容不仅可以在 YouTube 平台上发布和推广，还可以直接在 bilibili 等中国众多社交平台上发布。这也意味着我需要开始研究这些平台的运营以及以前在 YouTube 上已经完成的工作，了解它们的策略。我对探索这条道路充满了干劲。

一个智利人与中国的关系

尼古拉斯·埃斯卡菲（中医医师）

关系起源

这个故事要追溯到我刚完成中学学业时，似乎是一个学术故事，但事实上，这是一个有关生活的故事。

我对大学课程没有太大兴趣，但却非常喜欢中医，因此 18 岁时我在智利学习了针灸。那时，我是课堂里年纪最小的。班里其他同学大多是已经工作了几年的，每个人都在寻找新的机会或重塑自己的生活。我的朋友或家人觉得我走的路很"奇怪"，因为那时这是前途未卜的。未知自然就会产生某种程度的不确定性，甚至会招来否认、害怕、拒绝、嘲笑或其他。但是在我内心里发出了强烈的呐喊：就是要走这条路！尽管我不知道未来会如何，几乎没有看到隧道另一头的光明，但是我带着所有的勇气和责任，决定不停地走，只要它会引导着我。毕业后，我工作了一段时间，觉得有必要学习更多。有了这种动力，就咨询了 20 世纪 80 年代在智利驻中国大使馆工作过的教父。教父帮我联系了中国驻智利大使馆，在那里我发现可以申请奖学金。最终，我成功获得了奖学金。

2008 年 8 月 23 日，21 岁的我第一次踏上中国这条亚洲巨龙的土地。那时，我一点中文都不懂。我有一个写在纸上的地址，我把这个地址拿给机场的出租车司机看，他带我去了一位在北京学习针灸的熟人的爸爸家。我在他们家住了一晚，他们带我去三里屯散步。当时北京正在举办奥运会，我有幸体验了奥运会的气氛：颇有气势的体育场、挤满了人的街头、来自世界各地的面孔。所有地方都装饰得很漂亮并且非常干净整洁，能让人强烈地感受到当时首都的热情和活力。有了如何乘地铁到火车站的指示，我第一次上了子弹头列车。那几年，开车从圣地亚哥到瓦尔帕莱索需要一个半小时到两个小时，而从北京到天津仅仅需要 26 分钟。到天津后，在不知道怎么去中医药大学的情况下，我决定尝试最"可及"的方式：问路。走出火车站，我向一位男士展示了地址，他非常认真地看完之后拉着我的衣服，示意要我跟着他走。我们走到一辆电动摩托车旁，约 20 分钟后到达了一幢大型建筑物前。进楼上了电梯，一路上他都在用中文问我问题，但很显然我什么都不懂。我们最终到达了一间办公室，有人用英语向我打招呼并欢迎我来到天津中医药大学外国学生管理处。冒险就是这样开始的，这也是我第一次独自接触中国人、中国的文化和语言。

到中国第一年，我之前对中国的看法与中国实际的样子之间的对比给我留下了深刻的印象。我以为我要去一个大街上满是自行车、街边尽是清代建筑、中药像在古代一样被应用、人们之间很冷漠而不像智利人那样有身体接触的国家。可事实与想象相去甚远。通过在大学以及在天津其他地方的体验，我发现自己身处一个现代化的都市，摩天大楼随处可见。医院里西医和中医高度融合，拥有着中国甚至是世界上最大的针灸部门，当时有 14 层的建筑物用于针灸，主要治疗中风、面部瘫痪和身体疼痛的患者。天津中医药大学拥有最先进的技术和大量科学研究机构，保持着很高的学术水平。我的老师都在国外工作和生活过，他们为来自以色列、白俄罗斯、美国、巴西和智利等国的学生提供英语授课。天津是中国对外交流最活跃的城市之一，它的发展之快，在我看来这些摩天大楼好像是一夜之间出现的。这里有很多举办国际活动的场所，像中医药大会、智利的葡萄园、大学内的外国学院、运动场、咖啡厅、餐馆、酒吧等；有一条地铁直达机场，地铁站点遍布城市各个地方。人们总是对外国面孔感到好奇，同时乐于提供帮助。记得我第一次去超市时，在洗发水和肥皂部，完全不知所措，就像一个"文盲"。这时，一位女士走过来拿起一支洗发水扔进购物篮里，然后拿起肥皂重复了同样的动作。她竖起大拇指并说了句中文，让我明白它们是非常好的产品。然后她拍了拍我的后背，笑着离开了并用中文说了句什么。就这样，一次又一次地，中国人以与拉丁美洲著名的"皮肤文化"截然不同的方式向我展示了他们的友善与温柔。

在大街上和医院里，你仍然可以体验并看到古老文化的缩影，或中国从古代到现代的过渡变化过程。例如，街头到处都是食品摊贩，熙熙攘攘的全是人，没有什么卫生不卫生之说，但是每个在那里吃东西的人都能尝到真正的美味。早餐是经典的鸡蛋煎饼，午餐是米饭、炒面或饺子，晚上喝着青岛啤酒、吃着肉和菜，总有很丰盛的特色食物。我们在阳光下的街面上剪头发，在那些摆满了蔬菜、水果、肉和鱼的摊位的市场里采购。出租车司机把长角蚱蜢放在竹笼中，然后挂在车里。一大早，老年人聚集在广场或公园里，演奏音乐、唱歌、遛鸟、谈论生活、打太极拳或跳舞。所有这些总是伴随着天津人民典型的幽默和说话方式，非常直率且带着高昂开朗的语气。

关系发展

直到学说汉语，我才真正与中国人和中国文化建立了联系。大学里有一位阿姨在我住的外国学生楼打扫卫生。每天下午上完课，我都会和她还有她的同伴在一起，有时会请教语言问题，有时会打牌或打羽毛球，或者只是聊天并享受陪伴的乐趣。在我能比较流利地讲一些汉语后，我去了南方的云南和广西旅游。这次旅行也许是随后几年对我在中国的发展最重要、最有影响力的一次经历。我很幸运能够见识中国的美丽风景和那里的少数民族，更重要的是我遇到了非常友善的人。那是春节期间，众所周知，中国旅游不需要国际游来推动，因为国内游本身就能自我满足。春节期间旅行的人数太多，因为很多人要回老家或到家人所在的地方，以至于交通系统和住宿趋于崩溃。那一年，巨大的客流量使我们无法离开所到城市，因为大巴车要直到一个星期后才有空位，我们支付的住宿费用要到期了，而我们不能续租因为所有客房都已经被预订了。当天晚上，我和一个朋友聚在一起讨论眼下该怎么做，可以想象，我们非常害怕大冬天里在山脚下的大街上不知去哪里睡觉。当我们在饭馆吃晚餐并谈论这件事时，另一张桌子的一位女士与我们交谈。她问了我们很多事情，其中之一是问接下来我们要去哪里，于是我们就告诉了她我们当时的状况。话不多说，她拿出手机打了个电话，她讲的是粤语，用了不到一分钟。她告诉我们，明天早上 7 点出发，让我们和她一起去丽江，她可以为我们提供住宿。我们不敢相信，事实上是我们也不知道接下来几天会发生什么。第二天我们就一起走了，结果发现这位女士在丽江拥有一家小旅馆，旅馆是纳西族建筑，纳西族是那里的少数民族之一。她邀请我们在那里住一个星期并和他们一起庆祝新年。旅馆里有很多年轻人、新婚夫妇和单身人士。我们经常一起做饭、出去吃东西或买东西，有时去城市周边的自然环境里散步，有时去歌厅唱卡拉 OK，等等。无论如何，一群不相识的人，仅仅过了一天，就都成了朋友（我和我朋友是"唯二"的两个外国人）。这种共处使我第一次感到自己融入了一群中国人中，没有因为我的长相不同或出身不同而显得有所区别。在那个环境里，我的汉语进步很快，与别人交流时感到非常自如。我了解了中国农历新年的传统，而我也拥有了一次像家人般共处的经历。中国人的善良和热情一直使我深受感动，实际上，这是我从他们身上学到的东西，并一定会影响我的一生。

那时的中国正处于经济繁荣时期，很容易找到各种工作，并且报酬可观。由于我当时的工作特点以及我在中国各地建立的关系，使我有可能建立一个网络，让我更容易穿梭于中国各地、组织各种活动、结识更多人、品尝中国各地的美食。这个时期很重要，因为它向我展示了中国人的工作能力、效率以及他们对时间和言语的重视。中国的发展速度影响着我的发展速度。中国开始变得非常现代化，人们的生活方式也开始改变并更加舒适。在这里，与来自不同地方的人一起工作是一个很好的学习机会，我真正融入了他们的文化和语言中。我学到了许多今天已经成为我身心一部分的价值观，并将使我的余生不断受益。

这一时期发生的美好事情之一是我结交了一些好朋友，直到今天我们仍保持着联系。我有时也在养老院里做社会服务，还和上海的几个朋友一起筹集资金支持一家儿童福利机构。这是我以前在智利做过的事情。其间，我的父母来看过我两次，我的朋友和亲戚也时不时地来看我。最让我感动的一次是在我取得中医药学位时，全家人，包括我哥哥与他的妻子、儿子，我妹妹和她的丈夫以及我的父母都来了。我们八个人在中国旅行了三个星期，我向他们展示了我住了 8 年并深深爱着的国家。我领他们欣赏了中国自然景色、古老和现代的建筑、美食、语言、文化等，

2016 年天津，本科毕业时，全家来到中国参加毕业典礼。

所有这些令我着迷的事物，我认为应该与他们分享。此时，我觉得中国不再仅仅是我认识和了解的一个国家，她因让我的整个家庭可以更好地了解和理解我而变得非常重要。

关系巩固

　　后来，我搬到了南京，那是一座现代化城市，也是中国古都之一，有着悠久的历史。在学术和专业发展方面，我有机会在"中医药教育的摇篮"——南京中医药大学学习，这是第一所现代中医学校。现代针灸学科的奠基人承淡安是南京中医药大学的第一任校长，在中医药的教育、研究等方面作出了杰出贡献。他与学生一起，创建了澄江学校，我很幸运能够与负责维护和研究这一学术遗产的学者一起学习并作为澄江学院的第五代接受培训。学习和沉浸在这种学术环境中，我参加了很多中医药会议，并致力于研究相关专业知识，设法在中国的中医药杂志上发表文章。同时，我意识到中国不仅在经济方面增长，在技术、贸易和其他

2008年刚到天津，在天津第一附属医院针灸科实习期间，与白俄罗斯同学、翻译和带教老师合影。

2019 年南京中医药大学，承淡安先生诞辰 120 周年
纪念日，在承淡安塑像前合影。

领域也同样如此。从学术和科学的角度来看，中国在多个方面都处于领
先水平。比如，中国是每年出版物数量最多的国家，而中医药学位列前
15 个最重要的研究领域之内。

　　在完成我的硕士学位并获优秀论文奖后，我决定留在南京当一名中
医。我这样做了半年。非常有趣的是，我有了越来越多的中国患者，他
们信任我并根据治疗效果向别人推荐。我在医院的三年临床实践中意识
到社会上有一种认识偏见，那就是长着外国面孔的中医不靠谱，总是存
在一定程度的可疑或不确定性。后来我计划在中国攻读博士学位，继续
发展我的医学职业。与此同时，我也试图在中国和智利之间发展项目。
例如，通过"一带一路"将中医带到智利，将中药进口到智利。由于种种原因，这两个项目无法完全落地，所以这期间我只能一直住在南京。

直到 2020 年 1 月，我回智利探望家人，却没有想到在圣地亚哥停留的第一周，因为新冠肺炎疫情暴发而无法返回中国，我不得不暂时留下来。八个月中，我没有坐等一切。尽管我不得不辞掉工作并无限期地推迟博士学位研读，但机缘巧合下，我与智利最著名的诊所之一的所长会了面，并介绍了自己的中药项目。此后，我们开始推动中草药颗粒的进口项目，已经成功地引入了样本，还将为西班牙语国家开办一本数字中医药杂志，以便能够更多地用西班牙语介绍中医药文献。我现在的工作重心都放在智利，但我希望能够将一部分的中国文化带到智利。作为澄江学校的第五代，我期待完成中国第一所中医学校创办人承淡安先生开创的事业。我希望用医学来推动和加强智利和中国之间的关系，并让两国人民从中受益。正如承淡安先生所说："针灸和艾灸的作用广泛而迅速。针灸和艾灸的使用方便、便宜、易于推广，适合贫困人群和病人，是帮助人们的民族精华，确实有必要传播开来。"

我与中国的缘分 [1]

玛丽亚·埃尔维拉·里奥斯（智利天主教大学美学研究所博士后）

这里要讲的是一段鲜活的故事。它并不是要夸大或夸耀智利与中国之间的联系，而是要讲述一些事件，这些事件引起了人们对我们如何书写这些故事，也就是我们常说的"缘分"的关注，它与中国产生共鸣。

那是在 2004 年，当时我在奇兰市最具标志性的建筑之一的一间有着高天花板的宽敞房间里，在那个地方，著名的马尔塔·布鲁内特高中在一个多世纪以来一直充当着奇兰市及其周边地区女孩的教学场所。那天，一群高中生好奇地看着一个人，那个人来找他们谈论一个不可思议的可能性，并完全摆脱了在智利，甚至在任何其他拉丁美洲国家的传统的教学机会：在他的学校里与当地老师一起学习中文。

这一切始于 2001 年，那年我大学毕业，正在寻找能够继续让我在智利以外的地方学习的机会。在天主教大学美学学院，我上了克劳迪娅·里拉的课程，她与加斯顿·苏伯莱特的演讲向我传授了有关亚洲文化的知识。我太无知了，但是我对远离我们自己文化的文化特别感兴趣。在跟随克劳迪娅的学习过程中，我担任课程的助理，并与一个致力于亚洲研究的学生和学者小组一起参加了东方研究。

那时，我的父亲非常了解亚洲大陆将在美洲国家中扮演的角色，通过他，我得知中国驻智利大使馆每年向智利人提供奖学金。当时很少人

[1] 文本由 FONDECYT3190076 项目资助。

申请奖学金，因为尽管两国之间有着长远的文化和商业关系，比如已签署的和正在签署的各种双边协议，但一个智利人决定前往中国学习还是会让人产生一些疑惑。我开始着手申请程序、达到所要求的最低英语水平以及准备申请奖学金所需的文件。

2003 年 8 月我出发前往北京，在那里我将先学习两年的汉语。四个月后，在亚太经合组织的框架内，由教育部部长塞尔吉奥·比塔尔率领的代表团抵达中国，马里奥·里奥斯也是代表团成员。我很高兴与父亲重逢，他对我在亚洲的经历非常感兴趣。父亲到北京语言大学看我，并对那个与智利教育方式相去甚远的世界感到惊讶：有数十间教室的高层教学楼，为中外学生准备的宿舍、游戏场所、咖啡厅和餐馆，周围都是高大的树木，还有运动场、图书馆和礼堂。但除了所有看到的这些之外，他还设想了在不久的将来会看到的一切：一个相互联系的世界，智利的女学生与叙利亚的女学生同住一个房间，走廊里交汇着各种语言，非洲、欧洲、亚洲和美洲的年轻人骑着自行车……像是互联网和连接网络的使用将以最大的光彩将数字转换成物理空间的图像。这种形象以及在中国首都单一空间内创造多元文化的无穷机遇，促成了与塞尔吉奥·比塔尔的对话，为位于智利教育机构的汉语教学项目让位。2004 年，智利教育部部长与中国国家汉语国际推广领导小组办公室（汉办）签署了一项协议以推进智利市政学校的语言教学。

汉语项目的影响和经验

教育部与国家汉办的协议是汉语教学在全国各地推广的开始。最先开始的是瓦尔帕莱索的弗朗西斯科·阿拉亚·本尼特高中、比尼亚德尔马的何塞·弗朗西斯科·维加高中以及奇兰的马尔塔·布鲁内特高中。

中国大师墨子（公元前 5 世纪—前 4 世纪）早已为这种语言教学计划感到自豪。该项目有两个基本方面需要强调：第一，迄今为止，中国政府慷慨解囊，所有教师一直是由国家汉办和中国教育部派出。第二，这就是我说到墨子的地方，在智利的公立学校或资助学校学习汉语。后者是历史上与我国引入外语教学的方式有所不同的东西。正如罗德里戈·法布雷加和卡琳娜·皮娜所强调的那样，教育部的这两位计划发起人以及后来的跨越太平洋文化交流协会都认为，汉语已被纳入市政学校的教学计划，也就是说，该领域的第一项教学倡议并没有出现在智利精英阶层，这就为拉丁语、法语和英语融入社会的传统方式扭转了局面。从这个角度来看，学习汉语为个人和国家提供了机会，对他们自己的利益产生了长期影响。[2]

毫无疑问，该计划为那些有可能学习汉语的智利学生创造了巨大的机会，对于中国以及通过语言传播其文化来说同样如此。2004 年，世界第一所孔子学院在韩国首尔正式揭牌。直观的智利倡议具有创新性，由于其起步较早，因此至今仍是一个特殊案例。

2014 年，我开始对在学校上过中文课程的学生的意见想法进行简要研究。当时，智利教育部的"语言打开大门"办事处负责该项目已有十年，在此期间，采取了一系列行动来监督和改善汉语教学：计划和项目的准备、中文对话比赛、为教育部该计划的学生提供中国政府奖学金、负责人员和管理人员通过互访进行的沟通、智中两国开办的训练营、孔子礼堂、在中国参加汉语桥比赛、汉语水平考试，等等。

在智利教育部的批准下，我参观了几所语言教学机构。让我惊讶的

---

[2]《为什么学习汉语能够为智利这样的国家带来长久的利益？》，罗德里戈·法布雷加、豪尔赫·法布雷加、卡琳娜·皮娜著，圣地亚哥阿道夫·伊巴涅斯大学出版社，2011 年 6 月，第 4 页。

是中文老师——这些年轻人定居在一个文化和空间与她们过去的习惯完全不同的城市。教师们在教学机构通常工作一到两年，因此对其适应和专注于语言教学工作的能力是一项挑战。

一方面，许多教师回归了伴随更少科技的简单生活，在小城市甚至农村，那里没有淘宝或支付宝，他们不得不回到使用硬币乘坐公共交通工具以及用柴火取暖的日子。在我们建立的与其他人接触方式的推动下，她们不得不在各种场合应对智利人对华人存有的无数偏见或看法，因为她们是当地的"中国女孩"。

另一方面，还有一些教师在首都和该国最大城市的最重要的公立高中教学。许多学生出生在恶劣的环境中，学校作为避难所可避免他们在家中所遇到的问题。这些年轻老师们发现存在于这些男孩、女孩中最残酷和最不平等的事实：当学校教室里出现一个亚裔女孩时，他们会投去惊讶的目光。

她们和她们的学生一起创建了避难所：她们在教室里上课，墙上用红灯笼和剪纸装饰，在黑板上用汉字写着星期几，在南部山脉中、太平洋沿岸、内陆的小镇或这个狭长国家的城市里创造了一个小的具有中国特色的空间。

如果我学中文，我可以和很多人交谈；中文从其他语言中脱颖而出；中国人的汉字、服饰、生活方式、学科都很棒；学习中文是一个挑战。尤其是在远离人口稠密城市的学校里，因为那里汉语几乎或者根本没有出现过，教师在学生对中国及其社会的想象中起着至关重要的连接作用。通过教师，学生可以体验、感知和想象文化。在某些情况下，这种影响使教师本身成为社会的代表：中国人都像老师一样穿着、吃东西、行动、思考。正如大卫·哈维所指出的，主观体验可以将他们带入感知、想象、小说和幻想的现实主义，这些现实主义产生了精神空间和地图作为所谓"真实"事物的幻影，但这件事最有趣的地方在于，詹姆斯·罗布森在对中国神圣空间的研究中暗示了头脑的力量和想象力，这些预期或想象的理想都有可能取得真正的效果。中国宇宙学有一个概念，它的含义和操作方式使人类了解宇宙的起源以及自然元素之间的相互作用，这使我们可以作一个类比。与共鸣有关，或者说"感应"，可以激发并产生反应效果，使你与感到与之相关的事物产生和谐而愉悦的互动，并具有审美上的欣赏。为什么对于一个学习汉语及其文化的年轻人来说，这如此重要？

确实，在与不同教育机构的学生交谈时，他们大多把学习汉语作为一项挑战，因为他们认为如果他们学会了汉语，再学习任何其他外语就都易如反掌。但是，最大的困难不是语言，而是毅力。很少有人会坚持学习并达到较高的基础汉语水平，因为几乎所有学校里的教学困难都是想在仅仅几个小时的学习中就达到所要求的结果，不可避免地出现了一个问题：政府、教师和教育机构的管理者为实施汉语课程付出了这么多的努力，真的值得吗？可以用另一个问题来回答：我们是否有能力将学习视为一种回应认识方式的行为改变？而且，这与过去的一些中国哲学家质疑生活的方式有关，他们对回答生活是什么或我们为什么存在不感兴趣，而是对我们如何生活以及如何与他人或自然相处感兴趣。因此，对一种新的文化及其沟通方式的理解过程成为验证汉语课程的基本因素。

后者使我们领会到欧洲东方思想和异国情调对亚洲国家的不可弥补的影响。迄今为止，在我们接触亚洲的方式中仍可以发现这一因素。东方主义继续作为我们对中国的理解方式的背景音（强烈建议阅读陈和玛丽亚·蒙特的作品），但除此之外，在过去的 20 年中，中国扩大了文化外交。在不同国家设有数百所孔子学院，中国大使馆为青年学生提供了数千笔奖学金，每年多种中国文化活动和节日庆典在世界的各个角落进行着。中国传播这种文化的方式延伸到了智利教育部的计划学校的教室。教师在到达目的地国之前，已经接受了培训，除了学习教学方法和其他科目外，还学习了中国美术和文化课。

在这里，我们回到第一个问题：关于怎样学习的意义。激发注意力可能是新一代教育工作者最复杂的任务之一。在学校的中文课上，文化一直是保持儿童和年轻人注意力的基本要素。中文是中国多样性和文化丰富性的最明显体现。那些对汉字的来历、表意文字背后的历史感到好奇的学生，从中可以学习涵盖文化和习俗的各个方面。比如说，这种与语言的"感应"是对让学生激发审美欣赏的中国文化的回应，使他们能够与以造型艺术、表演艺术、文字、文学、音乐或书法毛笔节奏所体现的原始自然节奏保持一致。这种观念与亚洲哲学融入生活艺术表达方式的美学方面密切相关，它超越了东方主义的态势，获得了一种新颖的本体论内涵，从而产生了惊奇，并最终使人们对已学到的以及继续学习和理解的东西产生了兴趣，使其成为自己的一部分。

许多了解并重视这种互动的年轻人决定采取措施继续在中国学习。在那里，他们将遭受那种原始和理想化形象的挫败，他们将经历艰难、沮丧和挫败的痛苦历程。 但是，当他们在学校教室中学习汉语和中国文化的同时，回归共鸣的那条路自发震动起来，唤醒了他们生活中成为中心国家的一种认同。

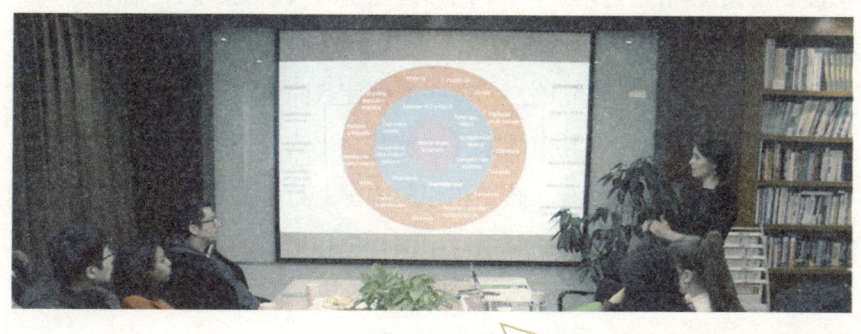

智利中智全球网络研讨会，北京语言大学，2017 年 12 月。

比阿特丽斯·孔特雷拉斯·纳维亚在哈维尔拉·卡雷拉高中开始了中文基础七级的学习生活。19 岁那年，她拿到了中国颁发的奖学金去了北京进修语言课程。很快她进入北京大学学习国际政治。

不同之处在于你要停留一段时间。现实是不同的，当然，随处可见，你会开始观察到缺陷……即使我喜欢，因为文化仍然是独特的……中国人很谦虚，碰到表扬他们会极度否认。这极大地影响着我学习中文的初衷。从本质上讲，来到的不仅是中国这个国家，而是你会被令人印象深刻的文化多样性所填满。

瓦伦蒂娜·维达尔的经历特别有趣。她属于奇兰市马尔塔·布鲁内特高中第一批学中文的学生。她与智利教育部中文项目的另外两名学生一起，是第一批获得中国政府奖学金的学生。瓦伦蒂娜在北京语言大学学习了一年，后回到智利在中央大学学习英语 - 葡萄牙语翻译，之后返回中国，在北京获得了翻译专业的硕士学位，目前在北京工作。在中国的两段学习经历，瓦伦蒂娜着重强调了与外国人和与中国人共同生活时存在的巨大差别。她说与当地同学共享课程和与学生大多是中国人的老师学习，是一种认识中国的方式，这种方式与只有学习汉语的外国人的环境截然不同。这些与社会交往的不同方式使人们产生了与国家的情感交流。毫无疑问，许多继续与中国保持联系的人都能感到：不断来来往往的相反的感觉，有时消极情绪会穿越大脑中最黑暗的地方，你想逃跑，但是正如瓦伦蒂娜所提到的，"有些事情使我回头"。这种自我认同的方式在那些决定居住在其他国家并了解其文化的人们中很普遍，这种方式对于年轻学生如何体验、感知和想象中国、打破固有形象、加强和创造其他形象具有重要意义，是由对中国文化和语言的感觉刺激及反应来支撑的。

正在进行的两个改变范例的项目

2017 年，卡琳娜·皮娜通过智利教育部的"语言打开大门"办公室协调语言教学项目，为创建汉语教学计划的新指南发起了一项工作计划。经过一系列的研究、课堂观察、对老师和学生的采访、焦点小组的对话，在中国和智利与负责人、协调员和汉语教学专业人员进行的会议，结果很明显：文化在语言学习评估中起着基础性作用，作为教学与学习方式的指导轴，也对提高和改善我们传播其他文化和社会知识的方式作出了回应：

该汉语教学计划结合了中国文化的教学，可以扩大对东亚在语言和文化方面影响最大的国家的认识。学习中国语言和文化使我们不仅可以理解中国的基本要素，而且可以了解亚洲的广阔地区。同样，文化和习俗的结合使其内容可以跨学科，这是国家课程计划和方案的主要目标。该项目由本地教师和其助手完成，他们在社交和情感策略的跨文化发展中进行合作，从而加强了学生与教师之间的合作与互动。反过来，为学生提供平等的学习机会。最后，该项目考虑到学生的个体差异，向他们设置全面且个性化的挑战。

新的指南项目仍在等待继续进行，即智利外交部为其制定的研究计划指南，该计划还允许根据指南和所收集到信息的结果统一和创建教材。2017 年取得的这一进展使我们能够提供一个在智利更好地发展汉语课教学的平台。

圣托马斯大学中国研究学士

2019 年，圣托马斯大学成为拉丁美洲孔子学院区域中心所在地，在智利成立第一所孔子学院（2008 年）实现了进行中国研究的新职业的可行性报告。研究方式包括一系列与专家的访谈、对企业家、学生、教师和学者的问卷调查、对从事汉学研究的大学本科课程的分析、拉丁美洲的教学项目以及对毕业生的就业领域的分析。一般而言，研究内容包括有关大学生和劳动力市场的政治和制度、教育、入学和毕业情况的信息。得出的结果表明将学位确定为职业与智利的传统职业完全不同：动态项目、专业性、学生与工作领域的早期互动、灵活性、交叉性、代际、小费、外国学者的课程等，为在学生和技术教学方法之间进行交流而与中国大学达成协议。

毫无疑问，可行性报告的结论使该职业打破了智利大多数学士学位的通用设计方案以及教学计划已经结构化的模式，后者对大学构成挑战。

报告完结后的几个月，智利爆发了社会暴乱，之后新冠肺炎疫情又大暴发。这两个事件都改变了智利乃至世界的社会进程。关于教育，从个人来说，在圣托马斯大学进行的汉语职业研究中所表现出的特点，今天变得更加有意义，尤其是在考虑其他更加灵活的大学课程结构以及通过多种方式方法培养年轻人，使他们能够与在中国各个领域的同行进行对话交流。希望它和将来的亚洲研究项目会被纳入智利学术机构的课程中。

最后的想法

我在中国生活或与中国有关的大部分经历都可以称为对"感应"的回应，这种感应多年来一直伴随着我，在我的学习中得到了极大的推动，特别是有关佛教的。我第一次听到"感应"的概念是在终南山，这是最古老、最神圣的山脉之一，那里的道教、佛教和民间习俗相互影响、交融。在那里，探究奉献者自己对神圣观念的理解时，一遍又一遍地听到这个词，却不知道它是讲什么的。当时身为南五台白衣寺守护者的佛教大师指引我注意到了那些虔诚的朝圣者对那里的山峰和神灵的刺激和反应。从那时起，这种共鸣不仅转化为一种随着生命的流动而理解和对话的方式，我明白只有一种薄薄的织物将神圣与世俗分开，就像万物的现象一样，短暂而虚幻的现实，隐藏着内在的统一性。

希望我们一次又一次折返去质疑如何从其他文化中学习并敢于挑战，尤其是在范式转移的时代，放弃结构和想象力，让更多的智利青年与中国、亚洲以及世界的文化产生共鸣。

后 记

　　中国和智利建交 50 周年时，中宣部五洲传播出版社和外交部老干部笔会联合策划"我们和你们"丛书之《中国和智利的故事》（中、西文版），我受邀担任此书的主编，深感荣幸。本书用中、西两种文字出版，图文并茂，故事生动感人，文字朴实清新，读来引人入胜，反映了中智两国半个多世纪以来友好交往的方方面面，以官方和民间的视角记述了两国关系不断发展壮大的历史。

　　现在呈现给读者的这本《中国和智利的故事》（中文版），是中智两国各界人士共同努力的结果，是集体智慧的结晶。参与此书编写的人士来自两国各个方面，其中有智利前总统、两国前任大使、智利现任驻华大使，以及天文科学家、汉语教师、留学生、知名作家、旅行者、军人等等。他们在得悉五洲传播出版社拟出版此书后，纷纷表示愿为本书撰稿，将自己保存在心中的鲜为人知的故事写出来，呈献给读者。可以说，没有他们的热情支持和无私奉献是不可能成就此书的。在此，我谨向他们以及为此书提供支持的智利驻华大使馆和中国驻智利大使馆表示崇高的敬意和衷心的感谢。此外，我还要特别提及本书的另一位主编安薪竹女士，她是《今日中国》杂志社的一名优秀的编辑、记者，曾深入智利采访，发表过很多关于拉美和智利的报道和文章，为增进双方人民之间的了解和友谊作出了贡献。她尽心尽力地与各方沟通联系，征集审核稿件，为本书的顺利出版作出了贡献，在此一并表示谢意。

智利被称为"天涯之国"，位于南美洲的西南部，西邻太平洋，东部与阿根廷为邻，北部与秘鲁、玻利维亚接壤，南部隔海与南极洲相望。智利是世界上最狭长的国家，南北长度超过 4300 多公里，最窄处只有 96 公里。智利国土面积约为 75.6 万平方公里，人口约 1800 万。海岸线长度超过 1 万公里。

智利地理位置优越，拥有丰富的矿产资源、森林资源和渔业资源，铜的储量、产量和出口量均为世界第一，享有"铜矿王国"之美誉。

2025 年是中智建交 55 周年。半个多世纪以来，国际形势和中智两国国情都发生了翻天覆地的变化，但中智关系始终平稳顺利发展。智利是中国在拉美重要的合作伙伴，两国间建立了全面战略伙伴关系。两国高层互访频繁，政治互信不断增强。2016 年 11 月，习近平主席对智利进行了国事访问，就双边关系和共同关心的国际和地区问题达成广泛共识。智利朝野高度关注和重视"一带一路"倡议，认同"一带一路"所秉承的共商、共建、共享原则及和平合作，互学互鉴、互利共赢的核心理念。2017 年 5 月、2019 年 4 月，智利两任总统分别出席了在北京举行的第一届、第二届"一带一路"国际合作高峰论坛。在经贸交流方面，两国签有自贸协定。中国已连续多年成为智利在全球最大贸易伙伴、第一大出口目的地国和第一大进口来源国。中智贸易占智利对外贸易的四分之一，智利是中国在南美第二大贸易伙伴。

中智两国经济有很强的互补性。中国的机电、电子、纺织、汽车等产品在智利占有越来越大的市场份额，智利的水果、葡萄酒、三文鱼等农副产品深受中国消费者的欢迎。两国的互利合作给两国人民带来了实实在在的好处。在大洋彼岸的智利人民可以享受来自中国的物美价廉的商品，中国人民也可足不出户品尝来自"天涯之国"的美食。

中智两国虽然相距遥远，但浩瀚的太平洋没有成为两国人民交往的障碍，反而成为两国人民友好交往的纽带。在西班牙语中，两国国名十分相似，在联合国等国际组织中，两国代表始终肩并肩在一起，共同维护国际公平、正义，反对霸权主义和单边主义，维护地区和世界的和平、安全和稳定。

历史上，中智两国都曾遭受帝国主义、殖民主义的欺凌和压迫。近代以来，两国都在探索适合本国国情的发展道路。20世纪80年代，两国先后开启了改革开放的进程，经济快速发展，人民生活显著改善。经过几十年的艰苦努力，中国国家面貌焕然一新，综合国力显著增强，现已成为世界第二大经济体。2019年，中国人均收入突破一万美元。智利也成功摆脱中等收入陷阱，顺利跨入高收入国家行列。如今，智利是拉美最发达经济体之一，其综合竞争力、经济自由化程度、市场开放度、国家信用等级均为拉美之首，被视为拉美经济发展的样板。

当前国际形势正在发生复杂深刻的变化，世界面临百年未有之大变局，全球性挑战不断增多。中智两国都处在发展的关键阶段，面临相似的机遇和挑战。2019年4月24日，习近平主席在与来华访问的智利总统皮涅拉会谈时指出："双方要以共建'一带一路'为契机，深化政治互信和务实合作，推动中智全面战略伙伴关系迈上新台阶。""双方要继续相互帮助、相互支持、优势互补、互利共赢，共同实现发展振兴，共同推动构建中拉命运共同体。"

智利总统皮涅拉表示，习近平主席提出的共建"一带一路"倡议再现了古丝绸之路的辉煌历史，在新时代促进了世界文明的交流。智利支持共建"一带一路"，促进地区互联互通。智方希望借鉴中国创新发展、绿色发展的成功经验，深化和拓展相关合作。智利致力于维护多边主义和多边贸易体制，愿密切同中方在区域和多边事务中协调合作，继续在拉中关系中发挥示范作用，智方对两国关系的未来充满信心和期待。

　　近年来，国家主席习近平与智利总统博里奇多次举行会晤，就两国关系今后的发展达成广泛共识，为新时代双边关系的发展指明了方向。2025 年是中智建交 55 周年，我们要站在新的起点上，积极落实两国元首达成的共识，推动两国全面战略伙伴关系进一步发展，携手共建"一带一路"，为构建中拉命运共同体作贡献，更好造福中智两国人民。

李长华

2024 年 12 月